estudios Y apartamentos

PRIMERA PUBLICACIÓN EN LOS ESTADOS UNIDOS
DE AMÉRICA EN EL 2003 POR

UNIVERSE PUBLISHING
DIVISIÓN DE RIZZOLI INTERNATIONAL PULICATIONS, INC.
300 PARK AVENUE SOUTH
NEW YORK NY 10010

2003 2004 2005 2006 2007 / 10 9 8 7 6 5 4 3 2 1

IMPRESO EN ESPAÑA
(GRÁFICAS IBERIA S.A., BARCELONA)

ISBN: 0-7893-0824-X

BIBLIOTECA DEL CONGRESO. NÚMERO: 2002115846

Título original: PEQUEÑOS APARTAMENTOS

© 2003 GORG BLANC, S.L.
VIA AUGUSTA, 63
08006 BARCELONA, ESPAÑA
www.gorgblanc.com

Dirección de la obra: JORDI VIGUÉ

Coordinación editorial: SARAH KRAMER

Preparación de materiales y textos: MARCOS NESTARES

Diseño gráfico: PALOMA NESTARES

Revisión y corrección: MIQUEL RIDOLA

Documentación: LEE F. VAUGHAM

Tratamiento informático: ALBERT M. THUILE

Colaboraciones fotográficas:

LUÍS ASÍN (loft en barbieri)
BJORG (sjoberg)
ANNA BLAU (josefstadt)
ALMOND CHU (espacio + iluminación)
JEAN-PIERRE CROUSSE (carmona, dc)
DIDIER DELMAS (exclusivo)
SANTIAGO GARCÉS (carrer llums, poble nou,
malta, chimali, opera prima)
GRAPHEIN (garaje)
RYO HATA (seijo 6)
MARKKU HEDMAN (container de verano)
ROS HONEYSETT (the grid)
EDUARD HUEBER (hill loft)
SUGINO KEI (hakama)
BRUNO KLOMFAR (caja-estudio)
BETSY MANNING (darien street)
IGNACIO MARTÍNEZ (su-si & fred)
DANIEL MOULINET (funcionalidad)
PATRICK MÜLLER (ampliación, petits champs)
PAUL OTT (hohe tauern)
EUGENI PONS (casa maleta, bàsic loft)
ALFONSO POSTIGO (transformación)
ANNE-SOPHIE RESTOUX (echard-baldwin)
JENNI REUTER / JUHA ILONEN (vivienda de paja)
MAKOTO SEI WATANABE (atlas)
PHILIPPE SEUILLET (exclusivo)
JAMES SHANKS (wilkinson)
J. VASSEUR (espacio único)

estudios Y
apartamentos

UNIVERSE

SUMARIO

PRESENTACIÓN 7

1996

VIENA hohe tauern 8
ARQUITECTO **Hans Peter Wörndl**
SUPERFICIE **710.16 sq. ft.**

1997

BARCELONA casa maleta 14
ARQUITECTOS **Ricardo Flores / Eva Prats**
Maria José Duch / Francisco Pizà
SUPERFICIE **290.52 sq. ft.**

MÓNACO exclusivo 20
ARQUITECTOS **Claudio Lazzarini**
Carl Pickering
SUPERFICIE **688.64 sq. ft.**

1998

KYOTO residencia hakama 26
ARQUITECTO **Jun Tamaki**
TAMAKI Architectural Atelier
SUPERFICIE **559.52 sq. ft.**

FILADELFIA darien street 30
ARQUITECTOS **Michael Bucci**
Angela DiPrima Bucci
SUPERFICIE **710.16 sq. ft.**

HONG KONG espacio + iluminación 36
ARQUITECTO **Gary Chang / EDGE (HK) LTD.**
SUPERFICIE **322.8 sq. ft.**

PARÍS ampliación 44
ARQUITECTO **Guilhem Roustan**
SUPERFICIE **269 sq. ft.**

1999

PARÍS carmona 50
ARQUITECTOS **Sandra Barclay**
Jean Pierre Crousse
SUPERFICIE **344.32 sq. ft.**

TRANSPORTABLES su-si & fred 56
ARQUITECTO **Oskar Leo Kaufmann**
SUPERFICIE **SU-SI 376.59 sq. ft.**
FRED abierto 193.68 sq. ft.
cerrado 96.84 sq. ft.

NUEVA YORK hill loft 64
ARQUITECTOS **Joseph Tanney**
Robert Luntz
SUPERFICIE **720.92 sq. ft.**

VIENA josefstadt 70
ARQUITECTOS **Erich Hubmann / Andreas Vass**
SUPERFICIE **720.92 sq. ft.**

FINLANDIA vivienda de paja ... 76
ARQUITECTO **Jenni Reuter**
SUPERFICIE **150.64 sq. ft.**

2000

TOKYO **seijo6** 80

ARQUITECTOS **Ken Yokogawa Architect & Associates Inc.**
SUPERFICIE **591.8 sq. ft.**

CANTABRIA **garaje** 84

ARQUITECTOS **Fernanda Solana Gabeiras**
Lorenzo Gil Guinea
Natalia Solana Gabeiras
SUPERFICIE **570.28 sq. ft.**

CUALQUIER **container**
LUGAR de **verano** 92

ARQUITECTO **Markku Hedman**
SUPERFICIE **abierto 96.8 sq. ft.**
cerrado 53.8 sq. ft.

MADRID **loft** en **barbieri** 96

ARQUITECTO **Manuel Ocaña del Valle**
SUPERFICIE **408.88 sq. ft.**

PARÍS **espacio único** 102

ARQUITECTOS **Littow Architects**
SUPERFICIE **236.72 sq. ft.**

BARCELONA **bàsic loft** ... 108

ARQUITECTOS **Anne Bugugnani**
Diego Fortunato
SUPERFICIE **699.4 sq. ft.**

MADRID **transformación** . 114

ARQUITECTO **Manuel Ocaña**
SUPERFICIE **624.08 sq. ft.**

OSAKA **residencia atlas** .120

ARQUITECTOS **Makoto Sei Watanabe**
ARCHITECTS' OFFICE
SUPERFICIE **591.8 sq. ft.**

2001

PALMA **carrer llums**...... 124

ARQUITECTO **José M. Pascual Cañellas**
SUPERFICIE **559.52 sq. ft.**

SYDNEY **the grid** 128

ARQUITECTO **Engelen Moore**
SUPERFICIE **558.76 sq. ft.**

NUEVA YORK **sjoberg** 134

ARQUITECTOS **Abigail Shachat,**
AJS Design/s
SUPERFICIE **559.52 sq. ft.**

BARCELONA **poble nou** 140

ARQUITECTOS **Sandra Aparicio**
Ignacio Forteza
SUPERFICIE **516.48 sq. ft.**

PARÍS **petits champs** .. 146

ARQUITECTO **Philippe Challes**
SUPERFICIE **387.36 sq. ft.**

MILÁN **malta** 150

ARQUITECTO **Ignacio Cardenal**
SUPERFICIE **505.71 sq. ft**

NUEVA YORK **wilkinson** 156

ARQUITECTO **Andrew Wilkinson**
SUPERFICIE **505.71 sq. ft.**

CIUDAD DE
MÉXICO **chimali** 162

ARQUITECTOS **Gumà Arquitectes**
SUPERFICIE **430.4 sq. ft.**

2002

PARÍS **dc** 168

ARQUITECTOS **Sandra Barclay**
Jean Pierre Crousse
SUPERFICIE **312.04 sq. ft.**

VIENA **caja-estudio** 172

ARQUITECTOS **lichtblau . wagner architekten & Associates Inc.**
SUPERFICIE **538 sq. ft.**

NUEVA YORK **echart-baldwin**
.... 176

ARQUITECTOS **DZO Architecture**
Arnaud Descombes
Elena Fernandez
Antoine Regnault / David Serero
SUPERFICIE **699.4 sq. ft.**

PARÍS **funcionalidad** ... 180

ARQUITECTO **Guilhem Roustan**
SUPERFICIE **538 sq. ft.**

NEW JERSEY **opera prima**..... 186

ARQUITECTOS **NMfuture**
M. Nestares / J.S. Monserrat
SUPERFICIE **645.6 sq. ft.**

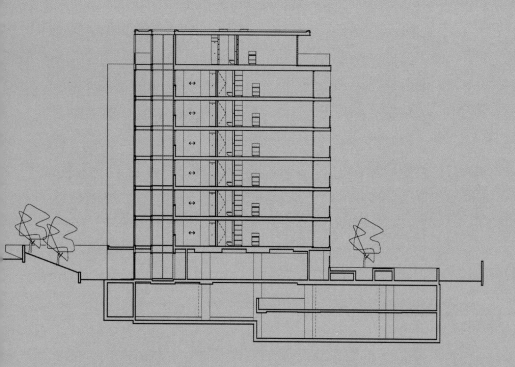

estudios y
apartamentos

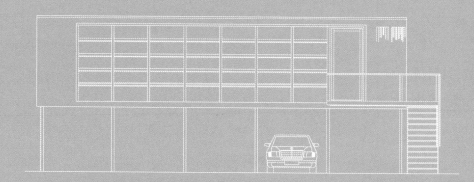

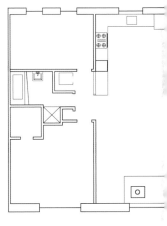

Como muy bien sabe el lector, la arquitectura es una aventura permanente que se desarrolla por un camino que no tiene fin. A lo largo de la historia, igual que en las demás artes, el hombre, siempre movido por el afán de buscar nuevas formas, descubrir nuevos caminos, ofrecer mejores prestaciones, ajustarse a la realidad de cada momento, no ha cesado de investigar, conjugando siempre espacio y medidas, ensayando formas y materiales y ofreciendo nuevas propuestas, a veces atrevidas, a veces funcionales, pero siempre singulares.

Como no podía ser de otra manera, el libro que hoy presentamos debe inscribirse en este contexto. Los horarios y las formas de vida del hombre de hoy, la escasez y el correspondiente encarecimiento del espacio, especialmente en las grandes ciudades, son factores que condicionan de manera determinante la vivienda del s XXI. El objetivo es conseguir el máximo con lo mínimo, es decir, que un espacio reducido sea capaz de ofrecer todas las prestaciones que necesita tener hoy una persona en su vivienda. Y además con unas líneas modernas, un ambiente agradable, una sensación de amplitud y sin olvidar la comodidad.

Este libro presenta una selecta colección de proyectos que constituyen una referencia inestimable. El lector podrá ver, a través de ellos, de qué manera distintos arquitectos de diferentes países, partiendo de supuestos (espacio, ubicación, posibilidades) muy diversos, han ideado y desarrollado su propia solución ante un mismo objetivo. Con ser todos ellos muy recientes, algunos incluso apenas acabados de terminar, los proyectos que se aportan son muy variados, de estilos a veces diametralmente opuestos y con materiales, distribución y conceptos absolutamente distintos. El gran logro de este volumen radica en su actualidad y en su variedad.

La selección ha sido hecha meticulosamente entre muchas opciones y de ella, igual que de la preparación de materiales y redacción de los textos, ha cuidado Marcos Nestares, un arquitecto joven, hijo de una familia que cuenta con varias generaciones de arquitectos y autor aventajado de diferentes proyectos de construcción o remodelación de estudios y pequeños espacios en diferentes paises, uno de los cuales precisamente se incluye en este libro. Toda una garantía.

Con suma modestia, pero también con total sinceridad, tengo que manifestar mi seguridad de ofrecer al lector una obra, que, además de su valor documental y de hacerle disfrutar con el conjunto de proyectos que se aportan, le podrá sugerir diferentes ideas para poderlas adoptar él mismo personalmente.

En esta filosofía y con este objetivo se emprendió la publicación de este volumen. Después de ver el resultado, el equipo que ha intervenido en su edición estamos convencidos de que no hemos errado en la diana.

Con los mejores deseos se lo ofrecemos; ahí lo tiene, para que lo disfrute y le aproveche.

Jordi Vigué

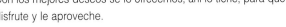

VIENA hohe tauern

LOCALIZACIÓN	**Viena, Austria**
SUPERFICIE	**710.16 sq. ft.**
ARQUITECTO	**Hans Peter Wörndl**
FECHA	**1996**
REPORTAJE	**Paul Ott**

Desde el salón se intuye la existencia de otros espacios, enmarcados por los distintos efectos de luz ensayados en este apartamento.

La filtración de la luz, la permeabilidad del espacio y el aprovechamiento al máximo de todos los rincones son las principales premisas de este apartamento.

Desarrollado en dos alturas, la planta primera acoge el salón y las zonas húmedas, mientras que la superior está destinada a la zona de dormitorio y terraza. Ambas están unidas por una escalera que, situada en el centro de la vivienda, distribuye todas las estancias.

Esta escalera divide la planta inferior en dos áreas. Una, alberga el salón con iluminación exterior, que se difunde hacia el resto de la planta. Y otra, formada por el pasillo de acceso, la cocina y el baño, no dispone de suficiente iluminación natural. Por ello, el baño trata de contrarrestar la falta de luz en esta parte de la vivienda uniéndose al corredor de acceso por medio de un cristal traslúcido que aporta cierta luminosidad.

El salón aprovecha su geometría inclinada para recoger en el techo una gran grieta de luz que, además de ser un elemento comunicador entre ambas plantas, constituye una fuente de iluminación diurna para el salón y una gran lámpara nocturna para el dormitorio.

Ya en la planta superior y subiendo por una escalera que por el efecto de la luz parece flotar, se encuentra un dormitorio unido espacialmente a una habitación multiuso, desembocando en una gran terraza con espléndidas vistas.

Los materiales predominantes en el apartamento son el enlucido liso y blanco para paredes y techos, y la madera para el suelo, la cocina y la escalera.

Una gran rendija de geometría triangular se sitúa en el borde del techo del salón. Además de servir como fuente de luz al espacio principal del apartamento, sugiere la existencia de un espacio superior.

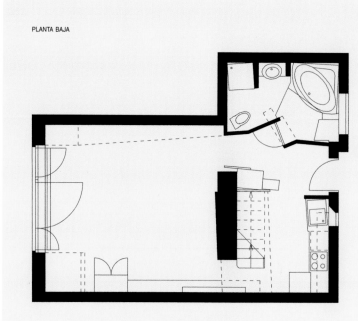

Se distinguen dos espacios diferenciados en esta planta: una zona de núcleos húmedos unidos a la escalera de comunicación y el gran espacio del salón servido por los anteriores. En la geometría del diseño se observa una tendencia de líneas sutiles quebradas como las utilizadas en la entrada al baño, que protegen de la visión al acceso y ayudan a la orientación de los espacios del mismo.

La existencia de una única fuente principal de luz natural en la planta baja del apartamento inspiró al arquitecto a desarrollar otros mecanismos para la iluminación, como una gran rendija que comunicara ambas plantas.

La transición entre la cocina y el salón se realiza a través de la caja de la escalera. Además, la luminosidad proveniente del piso superior ayuda a la iluminación de la cocina.

Con solamente una pequeña ventana exterior, la cocina busca la luz proveniente tanto del salón como del cuarto de baño. Para potenciar este efecto, el material principal utilizado ha sido la madera en tonos claros. Debajo de la escalera y para aprovechar al máximo todos los rincones del apartamento, el arquitecto situó una pequeña mesa de trabajo para la cocina.

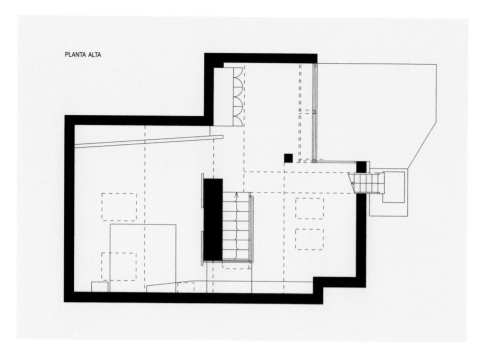

PLANTA ALTA

El núcleo central de escalera conforma tres estancias en esta planta: el dormitorio, conectado con la planta inferior mediante una fisura de luz en el forjado, una zona de estudio y la antesala de la terraza exterior.

Al estar situado en la última planta del inmueble, el apartamento dispone de una amplia zona de terraza descubierta, construida en madera preparada para exteriores.

En la escalera, realizada enteramente en madera, también se produce una ranura de luz que ilumina la zona inferior del apartamento y contribuye a la percepción liviana de la misma.

El baño se ha concebido a través de unos muros construidos en gresite y cerámica, que separan las distintas zonas. A su vez, en ellos se horadan unas hornacinas que sirven como repisas. El lavabo, construido en metal y cristal, combina perfectamente con la estructura masiva de los muros.

De noche, la rendija de luz se convierte en una gran lámpara que ilumina el dormitorio, siendo el salón su fuente luminosa. Su estructura quebrada combina con la geometría inclinada perteneciente a esta última planta del edificio.

BARCELONA casa maleta

LOCALIZACIÓN	**Calle Bruc, Barcelona, España**
SUPERFICIE	**290.52 sq. ft.**
ARQUITECTOS	**Ricardo Flores / Eva Prats**
	Maria José Duch / Francisco Pizà
COLABORADOR	**Frank Stahl**
FECHA	**1997**
REPORTAJE	**Eugeni Pons**

Ésta es una vivienda temporal y ha sido concebida como una estancia entre habitación de hotel y casa. Está pensada para personas viajantes que llegan a la vivienda con un mínimo de equipaje. El resto les espera dentro: dos grades baúles, iguales a aquellos que se utilizaban antiguamente en los largos viajes. Al llegar a este destino, los abren, con lo cual se transforman en sendos muebles que contienen todo lo indispensable.

La habitación permanece cerrada la mayor parte del tiempo y su interior se ilumina mediante un amplio lucernario que se extiende en toda la longitud de la planta. Cuando los propietarios llegan, en cualquier momento, después de varios días de ausencia, se encuentran con una estancia inundada de luz.

En este apartamento, el reducido espacio disponible no permite la aglomeración de objetos. Uno de los objetivos perseguidos en su diseño ha sido evitar la acumulación de polvo durante los períodos de ausencia de sus habitantes.

El proyecto investiga los espacios mínimos de las actividades diarias; los muebles se abren según el momento del día. Así el espacio único de la habitación de 30 x 10 x 10 pies puede varíar en medida y funcionalidad a lo largo de la jornada. En realidad se trata de dos grandes contenedores que relacionan a sus ocupantes con el espacio de la habitación. Al abrirlos, se adivina el porqué de sus grandes dimensiones: conforme se van desplegando, sus distintas partes van descubriendo utilidades escondidas que fragmentan el gran contenedor en espacios de escala humana, con funciones precisas aptas para actividades cotidianas.

Así, en cada estadía las señales de ocupación temporal serán distintas, dependiendo del equipaje de mano que se haya traído y de los baúles que forman el mobiliario de la habitación, que se abrirán más o menos según las necesidades de uso.

Antes de abandonar la estancia, todo se deberá esconder de nuevo. Hasta la próxima visita, se cierra la puerta de una estancia que en su interior guardará luz y dos grandes baúles.

El criterio de proyecto de estos muebles ha sido el mismo que el de aquellos baúles diseñados para los grandes viajeros de antaño. Los arquitectos pensaron, por ejemplo, en los compactos armarios y escritorios ingeniados por el genial diseñador Louis Vuitton.

En un espacio de 30 pies de longitud x 10 pies de ancho se han situado dos grandes baúles exentos que almacenan y generan a su alrededor todas las utilidades de este pequeño apartamento.

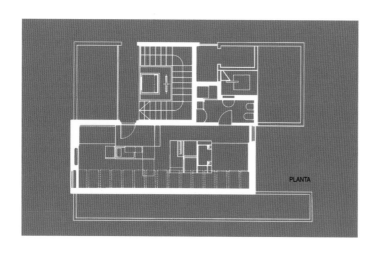

PLANTA

SECCIÓN

El apartamento se compone de una estancia principal y reserva solamente una pequeña zona adyacente para ducha y aseo. El espacio, de carácter longitudinal, se ilumina por una claraboya adosada a uno de los muros, que inunda de luz toda la estancia. Exentos, se sitúan estratégicamente dos grandes muebles compactos cuyo despliegue da lugar a diferentes utilidades.

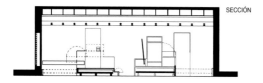

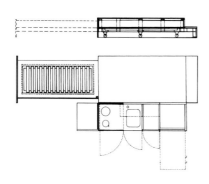

En el mueble-cocina se pueden hacer aparecer repisas y mesas de apoyo. Un estante superior evita la vista de la cocina desde la entrada. Una cama desliza bajo el rellano y se ha previsto un respaldo en la pared para su utilización como sofá.

PLANTA Y SECCIÓN DEL
MUEBLE COCINA

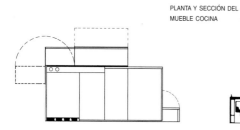

AXONOMETRÍA
DEL MUEBLE CAMA

El mueble se abre total o parcialmente dejando a la vista el fregadero, superficies de trabajo y zonas de almacenaje. Además, se puede conseguir una zona de mesa de desayuno con un armario para vasos y despensa.

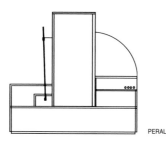

PERAL

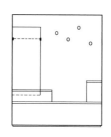

ALZADO
EQUIPAJE

PLANTA EQUIPAJE
CERRADA

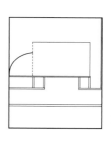

ALZADO
CABEZAL
POSTERIOR

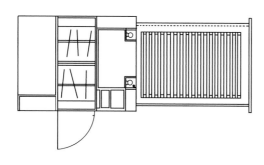

PLANTA ABIERTA
MUEBLE DORMITORIO

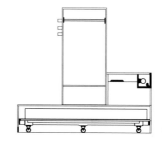

SECCIÓN DORMITORIO

En el mueble-dormitorio se contienen todas las funciones y zonas de almacenaje propias de este espacio. Las puertas de los armarios hacen a la vez de biombo, escondiendo detrás la zona de vestidor y consiguiendo mayor privacidad para el área del dormitorio, protagonizado por la cama que se oculta en el propio volumen.

En este volumen, el más grande de los dos, se contiene desde el elemento de mayor dimensión que hay en la casa, la cama, hasta los objetos más diminutos. Al abrir una de las tapas aparece una bandeja plana corredera, donde se pueden dejar las más diminutas pertenencias, joyas y pastillas. Dispone también de estantes para las maletas, un espejo, dos mesitas de noche con sus respectivas lámparas de lectura y un cajón para las almohadas y las mantas.

El mueble-cama, cuyas dimensiones son 22.596 pies x 17.216 pies x 20.444 pies de altura, acoge la cama doble de la vivienda, que se oculta cuando no está abierta, en un volumen horizontal. El volumen vertical, concebido como un gran cabezal de la misma, acoge las diferentes zonas de almacenaje propias de un dormitorio.

MÓNACO **exclusivo**

LOCALIZACIÓN	**Montecarlo, Mónaco**
SUPERFICIE	**688.64 sq. ft.**
ARQUITECTOS	**Claudio Lazzarini**
	Carl Pickering
FECHA	**1997**
REPORTAJE	**Didier Delmas**
	Philippe Seulliet

Este apartamento pertenece a un hombre de negocios soltero, quien lo ocupa únicamente una vez por semana. Al estar solo, siempre almuerza fuera.

El apartamento, que interpreta el deseo del cliente de vivir en un espacio único, continuo y expedito, fue concebido por los arquitectos como una suite de primera clase de una nave de crucero sobre el mar de Mónaco, perfecta para el desayuno o el aperitivo.

Un muro portante de hormigón armado divide el apartamento en dos partes intercomunicadas: una pertenece a la entrada, baño y salón, y la otra incluye dormitorio, vestidor, aseo y cocina. Ambas confluyen en una gran terraza cubierta.

Los armarios del apartamento, situados principalmente en el muro divisorio, fueron concebidos como grandes volúmenes traslúcidos que albergan menaje colorista en su interior.

El blanco inunda todo el apartamento e ilumina un mobiliario funcional y exclusivo.

Desde la terraza, como si de una sección fugada se tratara, se dominan los dos espacios principales del apartamento, salón y dormitorio, divididos por un grueso muro de hormigón armado que alberga los armarios.

El interior del apartamento desemboca en una
impresionante estancia sobre el mar. Concebido
como un espacio límite entre interior y exterior,
su mobiliario a ras del suelo está inspirado
en los entornos minimalistas japoneses.

AXONOMETRÍA

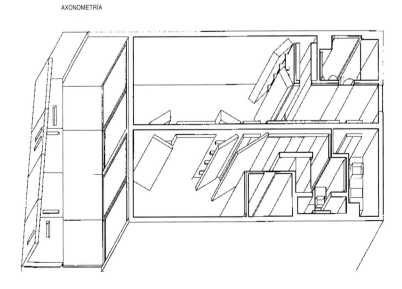

Los dos espacios principales divididos por el muro
portante son compartimentados desde dentro hacia fuera,
es decir, desde la entrada interior del apartamento hacia
la gran terraza sobre el mar. Las utilidades también se han
segmentado, destinando una parte de ellas a la zona más
privada, formada por el dormitorio y el vestidor, y otra más
pública, que agrupa el salón y el cuarto de baño principal.

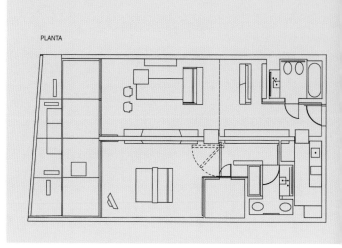

Este proyecto fue realizado por un estudio de arquitectos con sede en Roma, por lo que se advierte la impronta italiana en el cuidado del diseño hasta en sus más mínimos detalles. Con una intención casi obsesiva por el estudio de los armarios dentro del espacio, en este proyecto se constata cómo la integración de este elemento es uno de los valores más importantes en un apartamento de dimensiones reducidas.

Los armarios y el mobiliario, pintados en un tono claro, igual que todo el apartamento, están salpicados por pequeños detalles de color que introducen el juego cromático en el proyecto.

Los armarios, que se han instalado por doquier, se han concebido como elementos emisores o reflectores de luz. Forman unos volúmenes escultóricos que esconden en su interior las más fascinantes sorpresas: una preciada vajilla o una estancia inesperada.

El mobiliario de la casa utiliza como lienzo el fondo blanco de los paramentos, mezclando muebles de diseño contemporáneo con otros de estilo antiguo.

El gran muro que delimita el salón y el dormitorio está forrado por ambos lados de una serie de armarios-estantería construidos en materiales traslúcidos.

La cama se ha situado exenta en el espacio del dormitorio. Además de tener integrada una mesa muy cómoda para la lectura o el desayuno, se remata con una cabecera que incluye una gran repisa.

El dormitorio, también proyectado totalmente en blanco, transmite la misma sensación de paz y tranquilidad que destila todo el apartamento. Su línea demuestra cómo diseño y comodidad no necesariamente son conceptos contrapuestos.

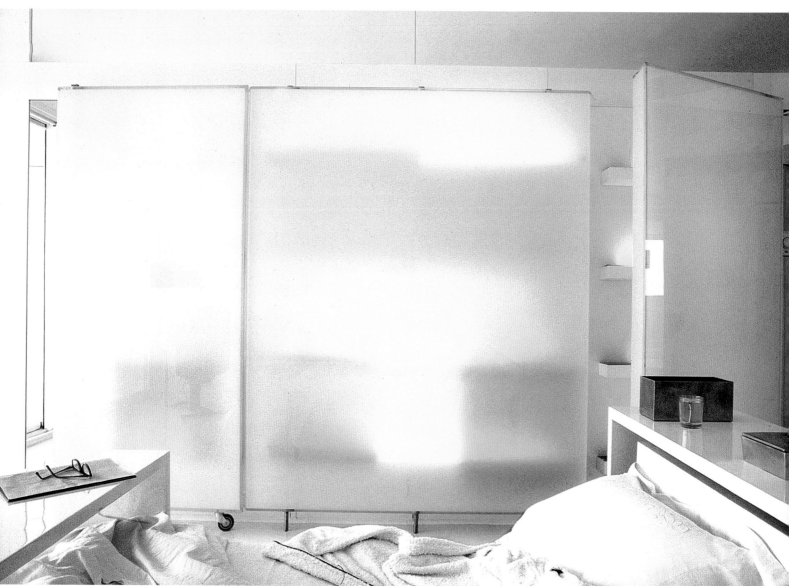

Por tratarse de una vivienda temporal para un
hombre de negocios que casi siempre vive fuera
de ella, el cuarto de baño y la cocina se concibieron
con gran simplicidad, pero siempre manteniendo
el depurado diseño que preside todo el proyecto.

Los armarios han sido construidos en
cristal traslúcido o en espejo, su diseño,
delicado y contenido, les asemeja a
esculturas que flotan en el apartamento.

KYOTO residencia hakama

LOCALIZACIÓN	**Kyoto, Japón**
SUPERFICIE	**559.52 sq. ft.**
ARQUITECTOS	**Jun Tamaki**
	TAMAKI Architectural Atelier
FECHA	**1998**
REPORTAJE	**Sugino Kei**

La vivienda, desarrollada en dos alturas alrededor de una gran sala central, por sus grandes dimensiones cambia sus prestaciones en el transcurso del día, pudiendo ser utilizada como zona de estar para la familia, un comedor o simplemente una zona de juego para los niños.

Esta singular vivienda aparece exteriormente como un robusto volumen blanco, una gran urna insertada en la trama de un barrio residencial de la ciudad de Kyoto.

En su interior encierra un espacio singular marcado por la moderna mentalidad de sus ocupantes. Los clientes eran una joven pareja con dos niños, deseosa de que la vivienda reflejara su forma de vida, moderna y diferente, con la familia unida tanto física como espiritualmente.

Por ello la vivienda se ha ideado en torno a un solo espacio central, que puede ser utilizado como zona de juego para los niños, comedor, o simplemente el entorno en el cual se desarrolla la vida cotidiana de la familia, un habitáculo totalmente abierto donde se comparten los quehaceres y el bienestar de una familia unida.

De una altura de 53.8 pies, sus paramentos blancos y sus grandes aberturas hacia el exterior originan un santuario, una sala blanca y diáfana, que transmite una gran sensación de unidad y serenidad.

Alrededor de esta sala, el espacio circundante se difumina entre las estancias de toda la vivienda, delimitadas simplemente por particiones finas de tela. Esas particiones son simples cortinas que permiten al aire, la luz y las personas pasar a través de ellas. Mediante este fino mecanismo, el espacio puede convertirse a la vez en una gran sala diáfana provocando un ambiente donde los sentimientos de la familia pueden manifestarse sin pudor.

Las habitaciones perimetrales, horadadas en el gran volumen blanco, muestran unas vistas cruzadas desde el espacio central y hacia el exterior, impregnado de la fuerza de un monolito contundente.

El volumen exterior, más parecido a la geometría de un edificio religioso que al de una vivienda, esconde en su interior una preciada joya: un monumento dedicado a la unidad de la familia.
Su aspecto blanco y monolítico contrasta con un interior marcado por un espacio de gran altura, perforado por un gran ventanal por el que penetra una luz difusa que confiere a la sala un carácter casi sagrado.

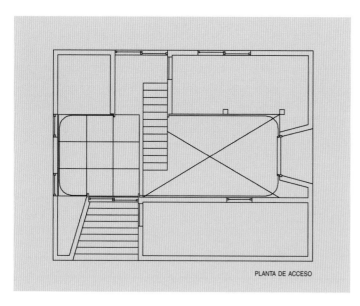

PLANTA DE ACCESO

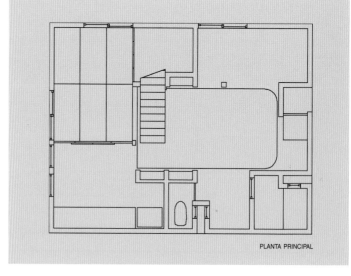

PLANTA PRINCIPAL

Unos grandes cortinajes delimitan las necesarias estancias en toda la vivienda. Mediante esta liviana separación, el espacio de la casa puede convertirse en un solo espacio diáfano y unitario o delimitarse en diversos habitáculos independientes.

La iluminación natural, a través de una gran abertura practicada en el gran volumen de la fachada, impregna todos los paramentos de la vivienda, con lo cual se crea un ambiente de tranquilidad y serenidad.

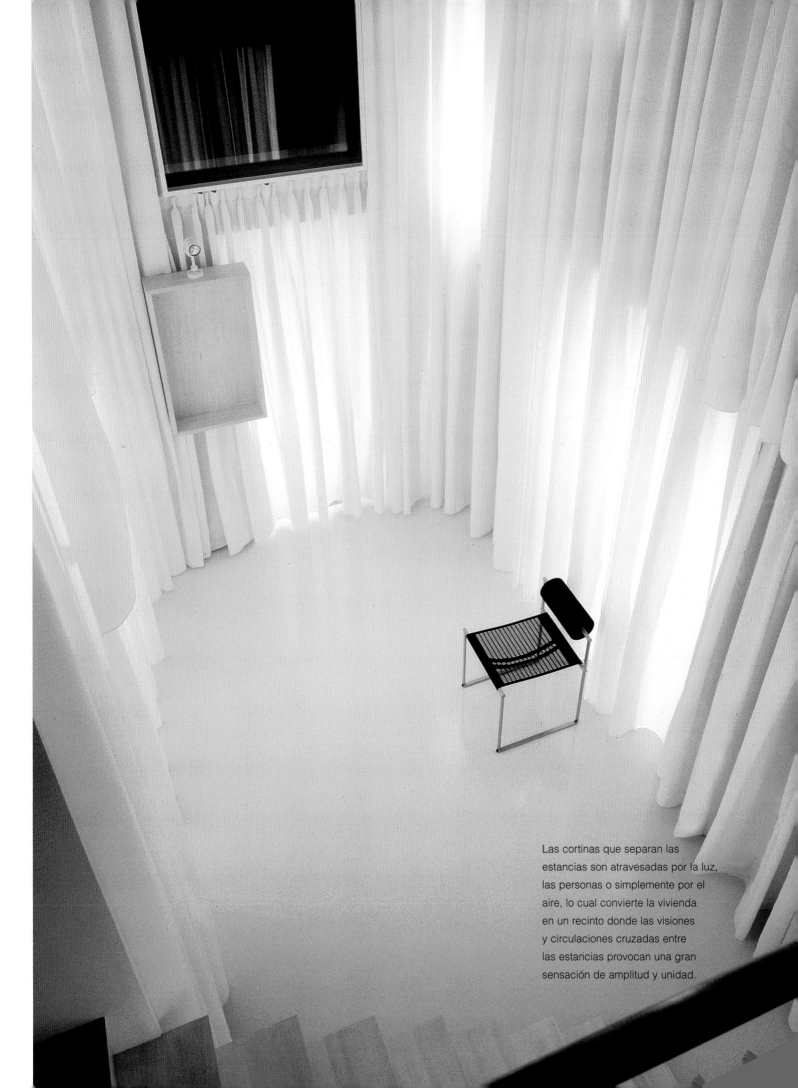

Las cortinas que separan las estancias son atravesadas por la luz, las personas o simplemente por el aire, lo cual convierte la vivienda en un recinto donde las visiones y circulaciones cruzadas entre las estancias provocan una gran sensación de amplitud y unidad.

FILADELFIA darien street

LOCALIZACIÓN **Darien Street, Filadelfia,**
Estados Unidos
SUPERFICIE **710.16 sq. ft.**
ARQUITECTO **Michael Bucci**
Angela DiPrima Bucci
FECHA **1998**
REPORTAJE **Betsy Manning**

Este proyecto parte de la existencia de un apartamento con cinco estancias separadas y estancas. La nueva reforma ha mantenido dichas estancias pero ha establecido entre ellas un flujo visual y espacial que enriquece el espacio.

La distribución interior es clara y sencilla: un gran espacio que alberga la cocina y el salón, y una zona más privada, formada por dos habitaciones y un baño y una zona de almacenaje.

La difusión de la luz es el elemento principal para interconectar las estancias. Unas franjas horizontales de cristal, construidas en la parte superior de los muros, disuelven cualquier separación clara entre los espacios y propagan la luz entre cada estancia y su anexa, pero manteniendo siempre la privacidad necesaria. Mediante un lucernario sobre la ducha, el cuarto de baño interior se construyó como un gran pozo de luz que ilumina las partes más oscuras del apartamento. Así, además, parece como si el ritual de la ducha matutina adquiriera una conexión espiritual con el cielo.

La iluminación artificial, igual que la natural, también fue estudiada ofreciendo diferentes luminarias cenitales y suspendidas.

El tratamiento de los materiales, la iluminación industrial y la exposición de la vigas de la estructura producen en el apartamento una imagen fabril de pequeño loft.

La cocina ocupa una amplia esquina junto al acceso. Su mobiliario, con gran profusión de cajones y registros, se integra en el muro formando con él un único paramento. La ventana exterior a su vez queda enmarcada entre los armarios, formando todo el conjunto un bloque compacto en tono gris verdoso.

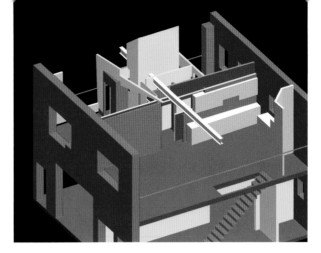

El acceso al apartamento se realiza a través de una escalera
protegida de la visión inmediata por un murete a media altura.
Se mantuvo la barandilla de hierro con la cual se dió un
toque rústico a un apartamento con una estética industrial.

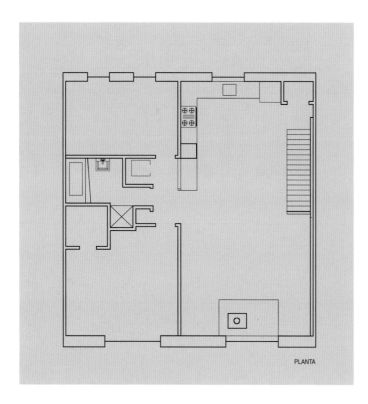

PLANTA

El apartamento se divide casi matemáticamente en dos segmentos. Uno está ocupado por un gran espacio principal vividero, unido a una amplia cocina, y el otro distribuye el baño, las zonas de almacenamiento y dos amplios dormitorios.

Como contrapunto a una pretendida frialdad en el tratamiento del espacio, se colocó una pequeña estufa de hierro colado en un extremo del salón.

Como sucede en la escalera de acceso, el cuarto de baño se protege de la visión directa mediante un pequeño peto a media altura, gracias a la cual se mantiene la continuidad espacial.

El punto teóricamente más oscuro, el
vestíbulo de acceso a los dormitorios y
baño, se convierte en un espacio inundado
por la luz mediante la continuidad
establecida entre todas las estancias.

Ambos dormitorios se comunican con el espacio principal del salón por medio de cristales situados en la parte superior del muro, conservando así la privacidad necesaria, pero manteniendo también la continuidad luminosa pretendida en todo el proyecto.

En el baño se mantiene la imagen fabril de tubos fluorescentes, luminarias industriales y estructuras expuestas, tratando en todo momento de mostrar la verdad constructiva originaria del apartamento y dotándole de una imagen de loft, su uso actual.

Situado entre los dormitorios, la zona del baño se ilumina cenitalmente a través de un tragaluz que se convierte en un gran pozo luminoso para esta estancia y las anexas.

HONG KONG espacio + iluminación

LOCALIZACIÓN	**Hong Kong, China**
SUPERFICIE	**322.32 sq. ft.**
ARQUITECTOS	**Gary Chang / EDGE (HK) LTD.**
FECHA	**1998**
REPORTAJE	**Almond Chu**

Para atenuar la rigidez del suelo y darle un aire más etéreo, se instalaron diferentes tubos fluorescentes y una brillante luz que articula los distintos elementos estructurales.

He aquí un eficiente estudio que ha sido capaz de lograr un variado programa en este reducido espacio.

La flexibilidad espacial se ha conseguido a través de diferentes operaciones y recursos como particiones, iluminación y mobiliario. Todos los enseres de la vida de un soltero (libros, CDs, vestuario, cuadros, equipo de audio y video) se almacenan en una librería cromada de carácter industrial, y se pueden esconder discretamente detrás de una ligera cortina blanca.

Como nota de contraste existe un compacto elemento de madera que incorpora todos los elementos fijos: baño, cocina, lavadora, maquinaria de calefacción y proyector de video.

El espacio central es, en realidad, la zona para vivir, trabajar, comer, dormir, vestirse y estar.

Una luz azul fluorescente ha sido colocada estratégicamente para bañar el suelo y unas luces blancas articulan los elementos del apartamento a nivel del techo. Todas son variables según la actividad desarrollada para lograr un ambiente relajado y lúdico.

El predominio del blanco, elementos traslúcidos y materiales transparentes, en combinación con una cambiante luz ambiental, parecen haber sido aportados con el objetivo de desmaterializar todo el apartamento.

La gran pantalla móvil de cine, ubicada en la ventana principal, ofrece diferentes visiones del mundo: la fantasía de Hollywood, la cotidianidad mundial de las noticias o el universo electrónico de internet.

Este apartamento, situado en un barrio de Hong Kong, destaca frente al aparente caos y aglomeración de esta ciudad cosmopolita, donde el metro cuadrado tiene que ser aprovechado inexcusablemente al máximo.

Con el fin de aprovechar al máximo la mayor fuente de luz natural del apartamento, el baño y la cocina se han ubicado en la parte delantera. Así, el espacio principal queda libre para las distintas actividades que tienen lugar a lo largo del día. Para ello se utilizaron particiones ligeras, mobiliario y unas estanterías livianas en el perímetro del apartamento.

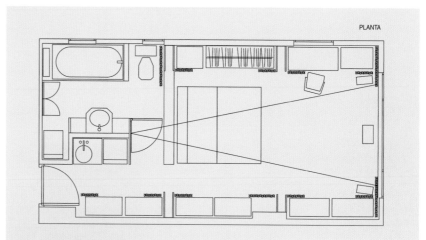

PLANTA

Todo aquello que forma parte del utillaje mundano de la vida de un soltero (libros, CDs, vestuario, cuadros, equipo de audio y video) se almacena en una librería cromada de carácter industrial.

Todos los enseres y vestuario del habitante de este apartamento pueden quedar ocultos según los distintos momentos del día. La cuidada iluminación aporta un aspecto ligero al apartamento, en el que la materia parece desvanecerse.

Un mueble escultórico, que participa a la vez de la cocina y el baño, ha sido concebido como una torre de madera maciza de cerezo destacando sobre un ambiente donde predomina el color blanco.

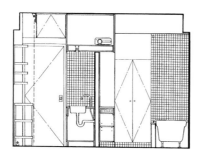

SECCIONES
TRANSVERSALES

El cuidadoso estudio de la sección transversal acopla perfectamente el núcleo de elementos fijos, donde se incluye incluso el proyector de la pantalla de cine. Se logra así un máximo aprovechamiento en un mínimo espacio.

En este baño de mínimas dimensiones se logró gran expresividad combinando elementos de diseño, como la grifería de Philippe Starck, con soluciones más económicas en la iluminación a base de tubos fluorescentes.

El espacio de entrada se aprovecha para albergar un mueble de cocina donde se guardan los utensilios necesarios y una pequeña nevera.

El baño se ha dividido en dos partes. Una de ellas alberga aseo y bañera, y la otra contiene el inodoro, que queda disimulado en el espacio principal por una librería a media altura, y una cortina. De esta manera, la zona de aseo puede indistintamente quedar aislada o ser incluida visualmente en el espacio único del apartamento.

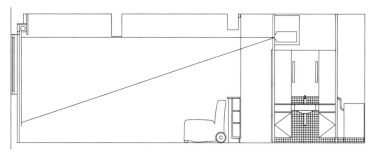

SECCIONES LONGITUDINALES

En estas secciones se aprecian los dos elementos que conforman el proyecto: una zona compacta de cocina y aseo, que libera el resto del espacio, y unas estanterías adyacentes a los muros, que albergan la zona de almacenaje.

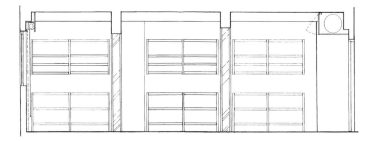

Un peto a media altura, que además alberga una librería, separa visualmente la zona de aseo y conecta espacialmente el baño, haciendo del apartamento un espacio único cuya iluminación cambia según la función y el momento del día.

La ventana transversal al apartamento ofrece la
posibilidad de convertir a éste en una sala de proyección
donde poder vivir la fantasía de Hollywood, o entrar
en contacto con el mundo real a través de las noticias,
o bien sumergirse en el universo infinito de internet.

PARÍS **ampliación**

LOCALIZACIÓN	**Avenue de Choisy, París**
SUPERFICIE	**269 sq. ft.**
ARQUITECTO	**Guilhem Roustan**
FECHA	**1998**
REPORTAJE	**Patrick Müller**

Mediante un paramento acristalado en todo el frontal de la terraza este pequeño estudio se proyecta hacia aquélla, que constituye su espacio principal.

Este apartamento es fruto de la ampliación de un edificio de viviendas rodeado de construcciones en dos niveles.

El proyecto consistió en elevar la nueva construcción sobre la altura de la ya existente para poder liberar la vista y abrir el panorama por encima de los tejados de París, con las torres del distrito XIII como telón de fondo.

La planta desempeña a un mismo tiempo las funciones de habitación, despacho y baño alrededor de un bloque de ducha y armario, de manera que para cada función el espacio que le corresponde aprovecha la profundidad del de otra.

Un muro, con un ventanal corrido en la parte superior, crea una separación del exterior dejando pasar la luz y liberando el interior del apartamento de la vista caótica de un patio contiguo.

Este muro y la articulación del plano del techo crean un efecto de compresión que acentúa la horizontalidad y dilata el espacio hacia una terraza orientada al sur, que, gracias a un sistema de contraventanas correderas, se convierte en un espacio exterior integrado en el patio y protegido de las miradas.

El arquitecto no quiso concebir este proyecto como una construcción yuxtapuesta al edificio, sino como la mejora de una fachada exterior sin interés, creando una continuidad dinámica y moderna para recomponer la construcción existente.

El arquitecto compuso la nueva fachada como si se tratara de un elemento enteramente nuevo sin seguir las reglas de la construcción anterior, dotándola así de un aire más racional, donde las ventanas son producto de la actividad interior. Sin embargo, utilizó sistemas antiguos y contrastados como el uso de contraventanas que matizan la luz y la visión. La sobreelevación parcial del edificio permite abrir ampliamente el espacio al patio, logrando con ello una espléndida vista sobre los tejados existentes.

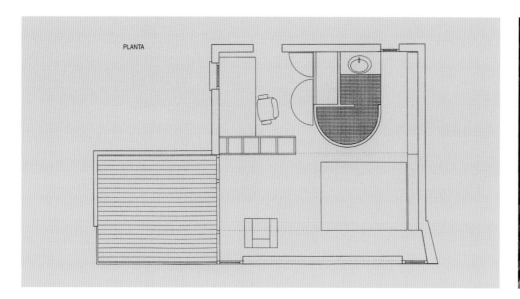

PLANTA

El paramento curvo de la ducha, ubicado entre la entrada y el baño, ordena el espacio circundante evitando la visión inmediata de la zona de dormitorio. Este gesto curvo ayuda a leer espacialmente el uso de la vivienda.

Un muro de 24.31 pies de altura limita la vista directa sobre un patio de por sí caótico. En él se sitúan una ventana corrida a la altura del techo para solamente iluminar la estancia y dos pequeñas franjas verticales de cristal para la contemplación parcial del patio.

La terraza queda delimitada por el cerramiento de cristal, el muro medianero vecino y una prolongación de la cubierta que conecta compositivamente con el volumen interior.

La ducha, construida enteramente en gresite, se proyecta como un elemento escultórico curvo que articula el salón y el dormitorio.

Un marco exterior, separado del muro-
pantalla por un sistema de columnas
metálicas, permite captar el sol que
entra por el sur y agranda el espacio
de la habitación hacia la terraza.

En la terraza, el sistema de
contraventanas tiende a borrar
el límite entre interior y exterior,
y permite contemplar
porciones de paisaje sobre
los tejados de París, que el
espectador debe reconstruir.

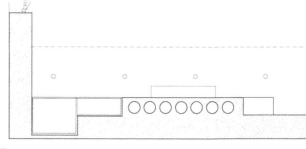

PARÍS APARTAMENTO carmona

LOCALIZACIÓN	**Rue de Turenne, París, Francia**
SUPERFICIE	**344.32 sq. ft.**
ARQUITECTOS	**Sandra Barclay / Jean Pierre Crousse**
FECHA	**1999**
REPORTAJE	**Jean Pierre Crousse**

Todos los detalles han sido estudiados cuidadosamente. Desde el vestíbulo se intuyen todos los espacios que conforman el apartamento. Una apertura vertical en el despiece del armario descubre lo que hay al otro lado.

Este pequeño apartamento se encuentra en el llamado barrio Marais, de París, formando parte de un inmueble del s XVIII.

Sus reducidas dimensiones y la dificultad que suponía el hecho de tener un gran muro de carga que lo divide en dos, ha orientado el proyecto hacia la dilatación del espacio. Dicho espacio se ha liberado de muros no portantes e innecesarios, para dotarlo de la mayor amplitud posible.

Los autores de este proyecto son de la opinión que una intervención en un espacio reducido exige un esfuerzo equivalente al que se necesita para una obra de gran envergadura. La definición de una estrategia proyectual es esencial para convertir estos espacios en lugares habitables y confortables.

De acuerdo con esto, los nuevos elementos añadidos a la estructura original han sido concebidos a manera de muebles, que revelan una independencia entre la estructura histórica y la intervención contemporánea.

La distribución en este espacio mínimo se ha ideado de manera absolutamente racional. Se entra en el apartamento a través de un pequeño recibidor que distribuye hacia el baño, el dormitorio y la zona de estar, donde se encuentra una cocina abierta, adosada al muro que divide el apartamento en dos.

Todos los paramentos y el mobiliario son de color blanco para resaltar la luminosidad y reforzar la sensación de amplitud.

En este proyecto conviven la arquitectura
original de muros de carga y forjados de
madera con una concepción moderna
de un espacio abierto y unificado, tanto
en sus funciones como en sus materiales.

La distribución está condicionada por el muro
de carga que divide en dos el espacio. Éste
se ha aprovechado para adosar la cocina
expuesta al salón. El resto de paramentos
verticales se han distribuido con el claro
interés del máximo aprovechamiento.

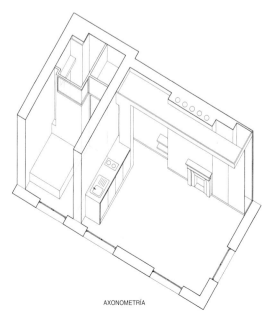

AXONOMETRÍA

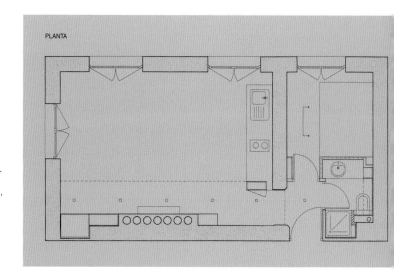

Todos los quiebros y recovecos de este apartamento se han aprovechado para encajar los elementos necesarios en una vivienda, que, a pesar de sus reducidas dimensiones, está totalmente equipada. Así, en el baño, la ducha se ha ubicado aprovechando hábilmente una imperfección que presenta el muro existente.

Se ha mantenido el pavimento de baldosa cerámica de la última actuación y también las vigas de madera originales de este antiguo inmueble. Para el resto de paramentos y el mobiliario se ha elegido el color blanco para potenciar la luminosidad de la vivienda.

La cocina, abierta sobre la estancia, ha sido diseñada como un mueble de formas puras que se apoya sobre el paramento vertical, el cual se quiebra horizontalmente para señalar el paso desde la entrada hacia la chimenea que preside el salón.

Todos los armarios y sus despieces han sido cuidadosamente diseñados por los arquitectos hasta en sus más mínimos detalles, como el perfil metálico adoptado para los tiradores.

A pesar de sus reducidas dimensiones, el baño está totalmente equipado. En él se han aprovechado todos los rincones para albergar zonas de almacenamiento. Todos los paramentos y mobiliario son blancos para favorecer la sensación de amplitud. A ello contribuye también el gran espejo de la zona de aseo.

El baño, a pesar de estar situado en la zona más oscura de la vivienda, está dotado de un halo de luminosidad proveniente de la parte superior del paramento de cristal que lo separa del dormitorio.

TRANSPORTABLES su-si & fred

LOCALIZACIÓN	**cualquier lugar (Alemania)**
SUPERFICIE	**SU-SI 376.59 sq. ft.**
	FRED abierto 193.68 sq. ft.
	cerrado 96.84 sq. ft.
ARQUITECTO	**Oskar Leo Kaufmann**
FECHA	**1999**
REPORTAJE	**Ignacio Martínez**

SU-SI y FRED son una interesante respuesta alemana a la actual demanda de viviendas dotadas de las características propias de un mundo globalizado: económicas, adaptables a cualquier entorno y transportables.

Ni una ni otra supera los 376.59 sq. ft., incluyendo todos los usos propios de una vivienda mínima (dormitorio, estar, baño y cocina). Además de servir como espacio para una pareja o como residencia de vacaciones, estas unidades móviles pueden ser utilizadas para otras funciones bien distintas: oficina comercial, estudio, oficina de obras de construcción, etc.

Su diseño ha sido estudiado cuidadosamente para logar el máximo aprovechamiento de un espacio mínimo y al mismo tiempo dotarlo de unas condiciones de habitabilidad óptimas.

La prefabricación en el taller, que no supera las cinco semanas, ha conseguido también minimizar los costes derivados de cualquier construcción convencional.

Estas viviendas pueden ser transportadas por camiones-grúa y en pocas horas ser instaladas sobre una cimentación *in situ* con la única condición de que el solar cuente con acometidas de electricidad y agua y con una vía de evacuación de residuos.

Su estética es premeditadamente neutra puesto que se trata de que se puedan emplazar en cualquier lugar.

FRED va todavía más allá en el concepto de vivienda trans-portable, puesto que su estructura de 96.84 sq. ft. es capaz de expandirse hasta 193.68 sq. ft., una vez instalada en su ubica-ción, minimizando con ello también los costes de transporte.

Estos dos módulos suponen un esfuerzo más en el concepto de vivienda como producto perecedero de consumo, igual que lo son la lavadora, el coche, etc.

El material predominante es la madera. La elaboración en taller reduce al mínimo los costes y proporciona un mayor control de calidad eliminando los inconvenientes propios de una obra convencional. La preparación del emplazamiento sólo requiere el suministro de agua, de electricidad y la existencia de vías de desagüe, además de la construcción de una sencilla cimentación metálica o de hormigón.

La singularidad de FRED es la posibilidad de plegarse en un solo volumen reduciendo sus dimensiones a la mitad, con el consiguiente ahorro en el transporte.

SU-SI, pintada en una tonalidad blanca, tiene un componente abstracto y neutro, que le permite ser ubicada en cualquier emplazamiento y así no destacar ni rivalizar con el entorno.

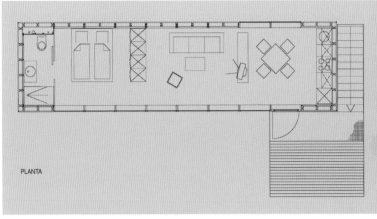

PLANTA

La operación de instalación en el solar, que no supera las cinco horas; puede realizarse mediante una grúa de tamaño mediano puesto que su peso no supera las doce toneladas.

De marcado carácter longuitudinal, la planta se organiza en continuidad, situando en los lados menores las zonas fijas de baño y cocina, y liberando así el resto del espacio organizado al gusto del consumidor.

Los paramentos verticales, de gran permeabilidad hacia el exterior, amplían visualmente la vivienda haciéndola parecer más grande.

Todo el interior, incluyendo el techo, ha sido realizado en madera clara, con lo que se favorece la luminosidad proveniente del exterior. La luz es tamizada por una retícula-brisoleil que protege el interior de la luz directa del sol y además sirve de estantería.

Gracias al sistema modular propio
de la prefabricación se abaratan los
costes y se simplifica notablemente
el sistema de producción en taller.

El mobiliario se compone de elementos sueltos dentro
del contenedor de la vivienda. La separación entre
los distintos ambientes se logra mediante muebles
que no llegan al techo para favorecer la continuidad.

La bella imagen nocturna de
SU-SI le confiere un carácter
de elemento abstracto, que
parece flotar en el espacio
como si fuera una nave
aparecida en la población que
mañana puede haber partido.

SECCIÓN LONGITUDINAL

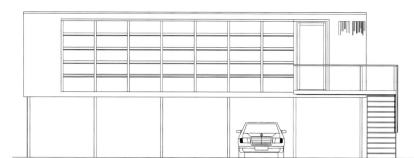

SECCIÓN TRANSVERSAL

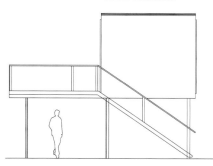

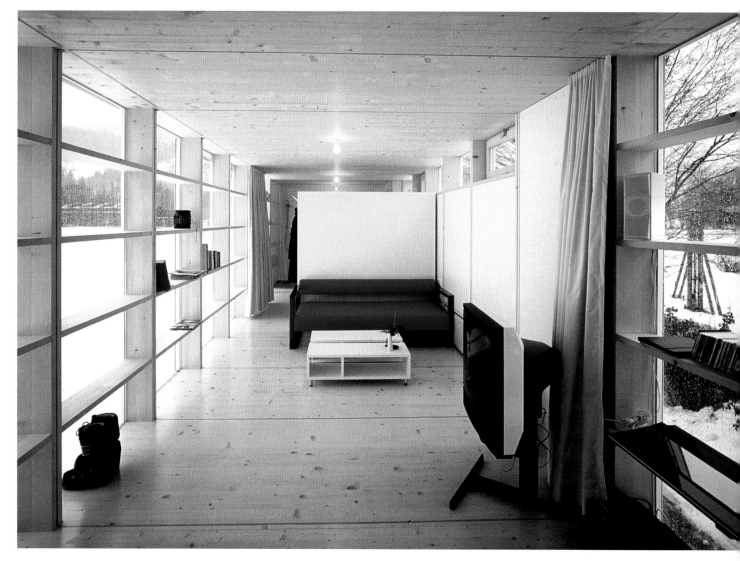

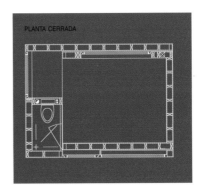

PLANTA CERRADA

FRED es una vivienda de 105.94 pies cúbicos en situación cerrada. En situación abierta alcanza los 193.68 sq. ft. Esto es posible mediante unas paredes deslizantes sobre raíles, que son controladas electrónicamente. En el interior se encuentran una pequeña estancia de utilización libre, una cocina totalmente equipada, un cuarto de baño y una ducha.

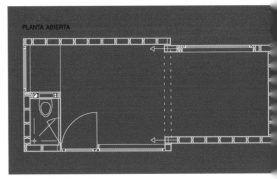

PLANTA ABIERTA

Después de llegar al lugar de asentamiento, el usuario puede desplegar a FRED mediante energía eléctrica, lo conecta al suministro de agua y electricidad, y ya está listo para ser utilizado. Obviamente el mobiliario y los demás elementos pueden permanecer en el contenedor.

El gran frente de cristal proporciona luz natural a la estancia. La calidad de los materiales y el grueso aislamiento de paredes, techo y suelo minimizan las pérdidas de calor. El empleo de madera y cristal como únicos materiales crea una impresión positiva, haciendo posible su mimetización con cualquier entorno.

NUEVA YORK hill loft

LOCALIZACIÓN	**Nueva York, Estados Unidos**
SUPERFICIE	**720.92 sq. ft.**
ARQUITECTOS	**Joseph Tanney**
	Robert Luntz
FECHA	**1999**
REPORTAJE	**Eduard Hueber**

La reforma de un espacio en un antiguo edificio industrial de Manhattan dio lugar a un pequeño loft diáfano con un amplio programa: zona de cocina, bodega, espacio de dormir y un área de esparcimiento.

Los arquitectos aprovecharon la estricta modulación de la estructura para albergar las distintas estancias, situando un gran frente de almacenamiento entre los pilares y adherido a uno de los muros, liberando y marcando así el resto del espacio.

Desde la entrada se accede a un pequeño vestíbulo protegido por una estantería que no llega al techo, prolongando así la visión. La cocina, abierta sobre el salón, aprovecha la zona de almacenamiento de estanterías para colocar armarios, electrodomésticos y enseres. Tiene una mesa-isla como superficie de trabajo y otra para comer junto a ella, con lo cual queda conformada una zona unitaria con estos dos elementos que se complementan.

El salón queda totalmente despejado de cualquier tabique convencional, favorecido por un mobiliario sencillo y funcional, tratado muy livianamente para no agobiar un espacio bastante reducido.

Integrada en la estantería, existe una puerta corredera de grandes dimensiones, que permite acceder a la zona más privada del apartamento.

En el techo, conservado del antiguo edificio, se situaron unas curiosas luminarias serpenteantes y entrelazadas, que van recorriendo todas las áreas. La incorporación de una iluminación difusa resalta la estructura del edificio y su relación con el gran frente de estanterías.

Los materiales utilizan sobre todo la madera y el acero, contrastando así con la blanca estructura del viejo edificio.

La buena iluminación natural proveniente de los grandes ventanales y la vista sobre una calle de Manhattan hacen de este loft un espacio amplio y acogedor.

Desde la entrada, flanqueada por una estantería, se puede ver toda la profundidad de un apartamento que, al no poseer tabiques interiores, parece más amplio de lo que en realidad es. En primer término figura la cocina, y, más alejada, la zona de esparcimiento junto a un gran ventanal que ilumina todo el loft.

Este loft se encuentra ubicado en un típico edificio de Manhattan. Sus antecedentes industriales le han dotado de techos muy altos, excelentes para el nuevo uso residencial de su espacio interior.

La robusta estructura metálica de vigas y pilares roblonados fue dejada expuesta y pintada en blanco. Contrastando con ella y situada a lo largo de uno de los muros, se situó un frente de estanterías para almacenamiento de enseres y electrodomésticos, liberando de esta manera el espacio circundante.

Son tres los tonos cromáticos básicos que presenta este apartamento: blanco para la estructura arquitectónica y los paramentos, madera para el mobiliario y suelo, y metal para elementos varios como la puerta de entrada, la nevera o las luminarias suspendidas.

Las luminarias suspendidas serpentean por el techo uniendo visualmente todas las áreas del apartamento. Su diseño contrasta con el techo moldurado de la antigua fábrica.

Los robustos capiteles de los pilares, restos de la antigua decoración, fueron dejados a la vista, con lo cual el apartamento mantiene el aire industrial característico de muchos lofts.

El área de cocina fue construida integrándose en el gran frente de estanterías. Su diseño, de fuerte racionalidad, aprovecha todos los rincones para albergar la mayor cantidad de registros y cajones. Los materiales utilizados combinan la madera y el acero ofreciendo una visión fabril, muy adecuada para un loft.

La cocina está dotada de una gran isla de trabajo con gran cantidad de registros y cajones, sobre la cual se encuentra una campana exenta. El conjunto forma un bloque escultural que tiene un gran protagonismo en el apartamento.

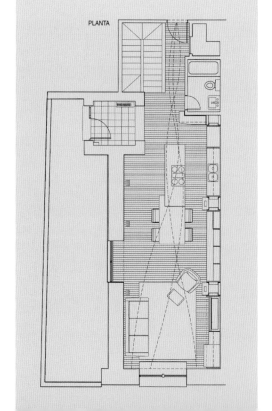

PLANTA

El resultado de la unión de los distintos espacios da lugar a un ambiente relajado y amplio con distintas posibilidades en cuanto a sus utilizaciones.

El área del comedor, prolongación
de la mesa-isla de la cocina,
proyecta la longitud de una estancia
ya de por sí bastante profunda.

El dormitorio queda oculto detrás de una puerta corredera
embutida en el frente de estanterías. Al estar enfrentado al salón,
puede ampliar visualmente su espacio favoreciéndose también
de la amplia luminosidad de éste. La zona de estar queda
ampliada visualmente gracias a un mobiliario simple y funcional,
colocado estratégicamente para no comprimir el espacio.

VIENA josefstadt

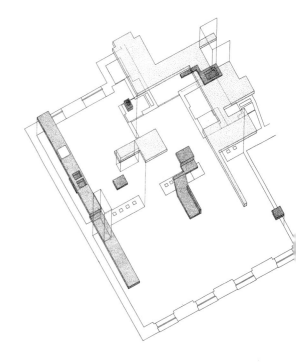

LOCALIZACIÓN	**Viena, Austria**
SUPERFICIE	**720.92 sq. ft.**
ARQUITECTOS	**Erich Hubmann**
	Andreas Vass
FECHA	**1999**
REPORTAJE	**Anna Blau**

En el ultimo piso de un edificio vienés de finales del s XIX dos pequeños apartamentos se unieron para formar una sola vivienda con una distribución moderna.

La vivienda quedaba así dividida en dos crujías principales separadas por un grueso muro. Una de ellas, situada frente a un patio, se compone de zona de vestíbulo, cocina y unos pequeños nichos que albergan los baños y los armarios. Al otro lado del muro, una espaciosa y rectangular habitación, situada frente a la calle, define la zona privada del apartamento. Articulada mediante un mobiliario integrado, se incorpora en ella un tabique corredizo que separa el dormitorio.

Las zonas de transición entre los distintos ambientes fueron matizadas con especial cuidado. En el grueso muro divisorio de las dos crujías, reducido a su función estática y técnica al albergar los conductos de la chimenea y varios pilares estructurales, se crea un filtro de transición visual habilitando los vanos existentes y contrastándolos con nuevas perforaciones. Además, introduciendo forjados de hormigón a 22.60 pies en las zonas de transición y espacios secundarios, se introduce una escala nueva en el espacio del apartamento.

Este apartamento define, por tanto, dos escalas: la gran escala de caja de los pisos vieneses del s XIX, abierta y variada por grandes paneles corredizos, y una escala menor, introducida mediante forjados bajo los espacios sirvientes y el gran muro divisorio.

Un punto crucial en el diseño fue la escrupulosa selección, distribución y acabado de los materiales. Éstos debían mantener su autonomía sin ningún forzado contraste. El material más utilizado fue el contrachapado para los elementos divisorios, los panelados y el mobiliario. Combinado con el parquet de roble, matizado en algunas zonas con terrazo e integrando los forjados de hormigón y algunos elementos metálicos, se logró un diseño solidario con el antiguo edificio.

Un gran panel de madera corredizo que no llega al techo, situado entre el suelo y un forjado de hormigón, separa esta gran estancia polivalente de la zona más íntima de la casa, el dormitorio. Debido a los múltiples registros de esta estancia se obtiene un espacio diáfano y cambiante.

El grueso muro, objeto fundamental del proyecto, acoge los conductos de la chimenea y los elementos sustentantes. En él se creó una nueva perforación a modo de ventana, que comunica visualmente la estancia principal y el foyer de entrada.

Los forjados de hormigón situados por debajo del techo, ubicados en los espacios intersticiales y zonas húmedas, introducen una escala menor, más humana, que contrasta con la gran altura de techo de estos antiguos edificios.

La estancia principal, una amplia sala rectangular, forma un espacio diáfano que puede ser utilizado como sala de estar o dormitorio. Su amplia iluminación, contribuye además a la sensación de amplitud.

La cocina, ubicada junto al amplio vestíbulo de entrada, puede integrar o separar a éste mediante un gran panel deslizante, comprimiendo o dilatando así el espacio.

Partiendo de dos pequeñas viviendas con una distribución compartimentada, típica de los edificios del s XIX, se logró un apartamento moderno y fluido, donde los límites espaciales se difuminan.

En el nuevo apartamento se distinguen dos ámbitos principales. Uno, situado frente al patio, ocupa la entrada, la cocina, los baños y las zonas de almacenaje, y el otro, orientado a la calle, acoge una amplia habitación matizada por un panel deslizante que separa la zona más íntima de la vivienda.

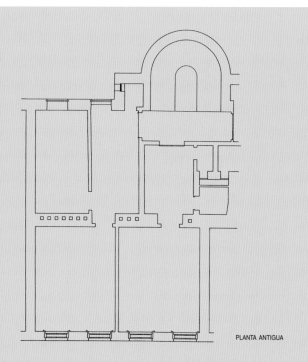

PLANTA ANTIGUA

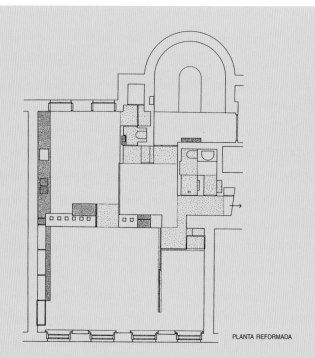

PLANTA REFORMADA

Hormigón, metal, madera y terrazo son los
materiales elegidos para configurar la escala
próxima de la vivienda, contrastando así con el
gran contenedor blanco. El metal se ha utilizado en
las perfilerías y la cocina. Las placas de hormigón
lo han sido como elemento de transición de
escalas. Y el terrazo se ha reservado para los
aseos y la encimera de la cocina, que se continúa
hacia la zona del salón en forma de estantería.

FINLANDIA vivienda de paja

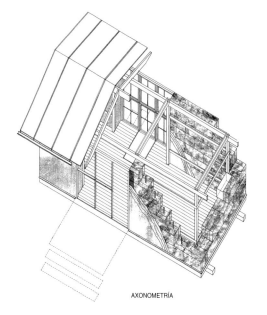

AXONOMETRÍA

LOCALIZACIÓN	**Sattmark, Pargas, Finlandia**
SUPERFICIE	**150.64 sq. ft.**
ARQUITECTO	**Jenni Reuter**
FECHA	**1999**
REPORTAJE	**Jenni Reuter / Juha Ilonen**

Esta singular cabaña se emplazó en un bosque finlandés, en un entorno muy apropiado para una construcción que utiliza materiales naturales y reciclados.

Esta pequeña cabaña está construida con bloques de paja sobre una estructura de madera.

Se trata de un material muy práctico, económico, de fácil adquisición, con unas cualidades excelentes como aislamiento acústico y térmico, ecológico, agradable y energéticamente óptimo.

Para minimizar el transporte, para su construcción se utilizaron materiales de la misma zona. Las balas de paja se obtuvieron en el campo y secadas durante el invierno en un pajar cercano. La madera de la estructura proviene de un bosque local e incluso la cimentación superficial se realizó con piedra sin labrar. Y el enfoscado, tanto interior como exterior, se realizó con arcilla local, arena y paja.

Un aspecto natural de la construcción con balas de paja es la reducción al máximo de aperturas en el muro por ser difíciles de resolver técnicamente. Por ello el conjunto de puertas y ventanas se concibió como unos muros situados en el centro de los lados más grandes.

En su interior aparece un espacio para cuatro ocupantes, que permite la instalación de una cocina sencilla, un calentador y una mesa de comedor. En el exterior se proyectó un pequeño porche de madera para la época estival.

La cabaña fue realizada por amateurs participantes en un curso de construcción de viviendas de paja.

El buen comportamiento térmico de este tipo de construcción la hace adecuada para ser instalado en cualquier entorno e incluso para ser utilizada durante temporadas invernales y climáticamente hostiles.

La construcción con balas de paja sigue los principios de la construcción convencional. Una estructura principal de vigas y pilares de madera sostiene una techumbre que resuelve la evacuación del agua. Los huecos se rellenan con módulos de paja de 29.52 x 17.71 x 13.77 pulgadas que se arman en el interior mediante barras de madera. Las balas se han enfoscado con una mezcla de arcilla, arena y paja. El conjunto se dejó sin pintar para recalcar su construcción básica y natural.

El modelo edificado puede llegar a albergar cuatro ocupantes. El arquitecto propone algunas posibles variantes sobre el prototipo construido, propias de una arquitectura construida a base de módulos.

Las ventanas, provenientes de un antiguo molino, siguen el principio ecológico de reciclaje de materiales, muy presente en todo el proyecto.

La dificultad para reforzar la resistencia a flexión entre los módulos de paja impulsó a los constructores a componer las ventanas como un paño entre las paredes de paja evitando así la presencia de dinteles.

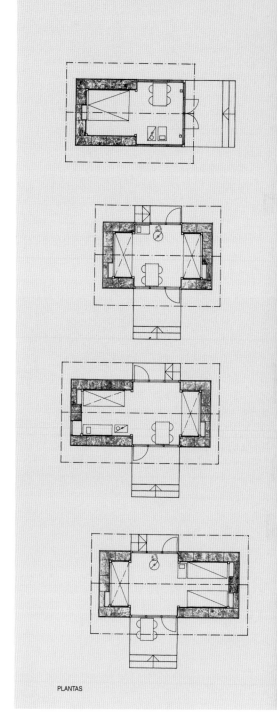

PLANTAS

Con una estructura de pilares de madera se soporta la cubierta o tejado y los huecos se rellenan con balas de paja, igual que se ha realizado en la construcción, mediante una estructura de hormigón con cerramientos de ladrillo.

La construcción con balas de paja no supone ninguna novedad actualmente. Hoy en día tiene un gran futuro debido al encarecimiento de la madera y a la gran producción de paja en los campos. Es, sin duda, una buena salida comercial para reciclar y construir casas económicas, confortables y ecológicas.

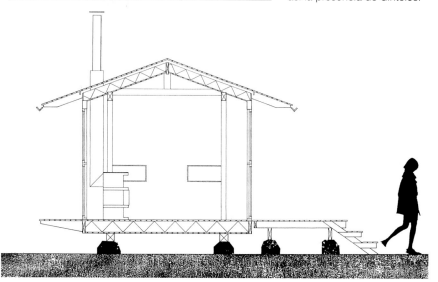

TOKYO seijo 6

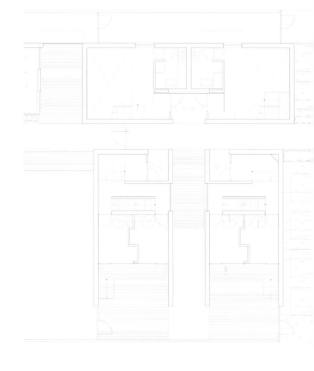

LOCALIZACIÓN	**Tokyo, Japón**
SUPERFICIE	**591.8 sq. ft.**
ARQUITECTOS	**Ken Yokogawa Architect & Associates Inc.**
FECHA	**2000**
REPORTAJE	**Ryo Hata**

El exterior del edificio, construido enteramente en hormigón, aparece como un volumen compacto y masivo, donde después se insertarán los módulos de viviendas livianas y luminosas.

Ubicado en un complejo de apartamentos realizado por los mismos arquitectos, esta vivienda refleja plenamente todo el conjunto de características que definen el espíritu constructivo japonés: economía de medios, distribución abierta y veracidad en los materiales empleados.

Este apartamento tiene como fundamento de proyecto un patio profundo concebido como un pozo de luz que distribuye e ilumina todas las estancias. Bajo el patio se sitúa un área de techo bajo que acoge la entrada y una cocina abierta sobre el salón. Éste, resuelto en dos alturas, tiene un gran muro de hormigón por el que resbala sutilmente la luz proveniente del patio. Una elegante escalera de una sola zanca prolonga el pavimento de madera hacia la planta superior, donde se ubica el dormitorio, una zona de vestidor y el baño, adyacente al pozo de luz.

Todas las estancias se relacionan visualmente sin la existencia de muros convencionales que partan o dividan el espacio. Incluso el baño se ha separado del dormitorio por un paramento de cristal, con lo cual se maximiza la luminosidad.

La luz, controlada mediante un solo elemento, el patio de luz, resbala por todos los rincones del apartamento creando un ambiente sutil y elegante.

Los materiales empleados combinan la madera para los pavimentos, la pintura de tonos blancos en los paramentos verticales y hormigón visto para los elementos estructurales y el exterior del edificio.

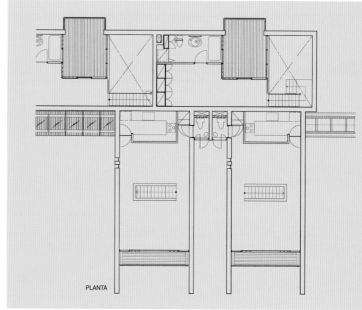

PLANTA

Desde el acceso se percibe el gran
espacio del salón, desde el cual
se intuye la existencia de un piso
superior debido a una escalera
liviana situada junto al muro.
La luz inunda todo el espacio,
percibiéndose con mayor amplitud
por causa de la penumbra existente
desde este punto de vista.

El baño, adyacente al dormitorio,
se ve favorecido por las vistas y
la luminosidad de un patio que a
su vez ilumina la planta inferior.

La escalera continúa el pavimento de madera del piso inferior,
integrándose de esta manera en un espacio protagonizado por
un muro de hormigón modulado que preside la estancia principal
del apartamento. La estancia resultante adquiere un aspecto
de arquitectura en bruto, característica del diseño japonés.

Los materiales fueron meticulosamente
seleccionados, combinando la madera
del pavimento con el amplio muro de
hormigón que preside el apartamento.
La luz, a través del patio, resbala
por el muro confiriendo al espacio
un aire minimalista y elegante
propio del diseño japonés.

CANTABRIA garaje

LOCALIZACIÓN	**Berría, Santoña, España**
SUPERFICIE	**570.28 sq. ft.**
ARQUITECTOS	**Fernanda Solana Gabeiras**
	Lorenzo Gil Guinea
	Natalia Solana Gabeiras
FECHA	**2000**
REPORTAJE	**Graphein**

El módulo-mueble es el protagonista indiscutible de este proyecto. Sus registros se adecúan en tamaño y forma de apertura a los espacios a los que dan servicio.

En la planta semisótano de una vivienda unifamiliar situada en plena playa, se propuso la transformación del garaje original en un espacio multifuncional, de manera que pudiera ser utilizado indistintamente como apartamento de invitados, lugar para fiestas familiares o ámbito de apoyo a ciertas actividades cotidianas de la familia. Para ello los propietarios sugirieron un programa con cocina, dormitorio, baño y una zona de estar.

La escasa iluminación del local, que cuenta únicamente con el portalón de acceso y una ventana alta como fuentes de luz, la limitada altura libre disponible y la situación de dos pilares centrales existentes constituyen los condicionantes principales de este proyecto.

Para desarrollar este proyecto se ideó un suelo continuo sobre el cual se construyó un módulo-mueble que a un mismo tiempo genera y sirve a los espacios que ocupan los distintos elementos del programa. La situación y dimensiones de éstos quedaron condicionados a la ubicación de los pilares existentes, que quedan ocultos, lográndose con ello un espacio diáfano y continuo a su alrededor. El resto de los elementos divisorios son de cristal traslúcido, característica que favorece la máxima luminosidad.

El módulo-mueble se ha concebido como un elemento terso teñido de color morado y barnizado en brillante. El color oscuro le da una apariencia de menor tamaño agrandando el espacio; el brillo del barniz aligera y desmaterializa su presencia e introduce la luz en el fondo del apartamento. De apariencia maciza, presenta un despiece de juntas de distintos anchos que indican el lugar y el sentido de las zonas practicables, que se adecúan en tamaño y forma de apertura a los espacios a los que dan servicio.

Un mueble multifuncional estratégicamente situado organiza a su alrededor todo el apartamento. La zona de estar se ha concebido como un espacio diáfano abierto completamente al exterior a través de unas puertas pivotantes en todo su frente, permitiendo así el uso flexible pretendido y configurando un lugar ambiguo interior-exterior.

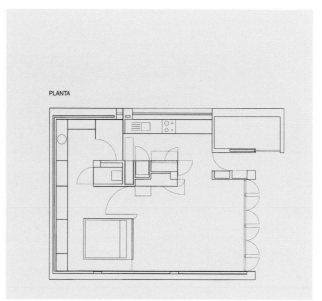

PLANTA

El brillo del barniz contribuye a aligerar y desmaterializar la mole del módulo-mueble introduciendo la luz al fondo del apartamento.

Este proyecto demuestra cómo un elemento, el almacén, distribuido de manera lógica, es capaz de condicionar y liberar todo el espacio a su alrededor dando lugar a una planta continua matizada por filtros que conectan visual o físicamente todo el espacio, logrando así una flexibilidad de funciones impuestas también por el propietario.

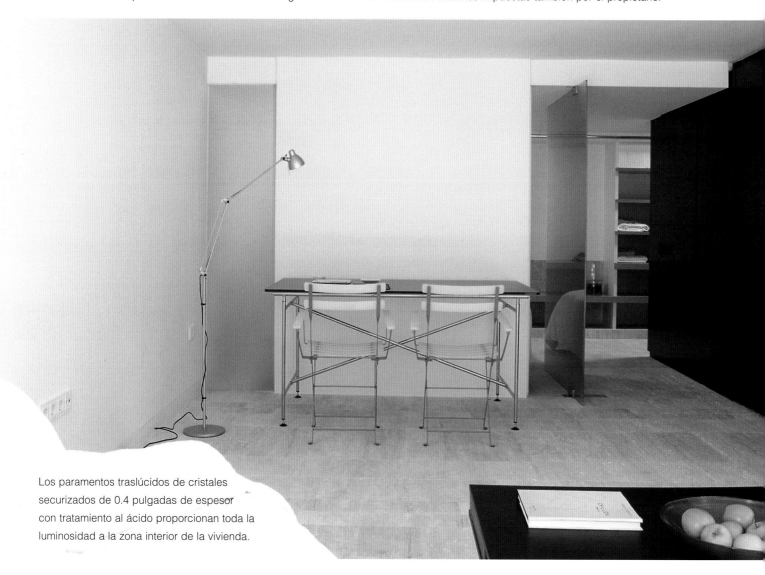

Los paramentos traslúcidos de cristales securizados de 0.4 pulgadas de espesor con tratamiento al ácido proporcionan toda la luminosidad a la zona interior de la vivienda.

De apariencia maciza, este mueble presenta un
despiece irregular de juntas de distintos anchos, que
indican el lugar y el sentido de las zonas practicables.

SECCIÓN

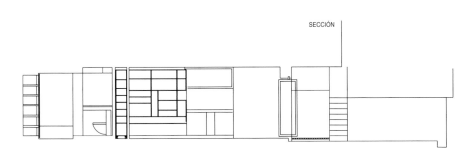

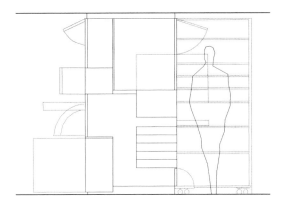

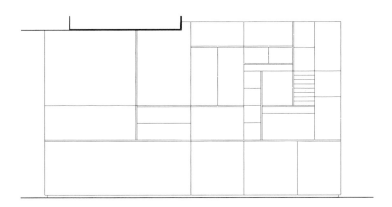

Sólo con el estudio cuidadoso de los diferentes registros del módulo-mueble y un adecuado rigor constructivo en la definición de los mismos se pudo hacer posible esta propuesta.

La cocina se ha situado en relación directa con el espacio de estar. Con esta ubicación, el módulo-mueble permite perfectamente tanto la función de apoyo a la cocina de la vivienda superior como para las fiestas que se celebran en el exterior.

El baño toma luz a través del cristal traslúcido
que lo separa de la cocina. Al practicarse, algunos
elementos del módulo-mueble adquieren una
nueva función, como el armario despensero,
que actúa como filtro visual a la ducha.

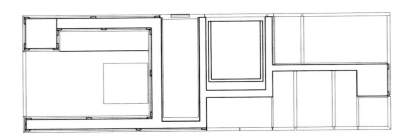

El lavabo se ha ubicado en las baldas que ocupan el muro del fondo del espacio.

El suelo, de mármol travertino serrado con poro abierto de 1.18 pulgadas de espesor, proporciona un carácter unitario a los espacios del proyecto. Este suelo continuo se prolonga puntualmente en los paramentos verticales configurando un fondo para la cama, una base para las estanterías o un banco de apoyo en el baño.

Se proyectó una estantería que cubre todo el fondo del apartamento y recorre tanto el dormitorio como el baño, que contribuye a entender de manera unitaria los dos espacios. Esta estantería adecúa su función a cada zona; de esta manera sirve sucesivamente de armario, banco y encimera.

La ducha se entiende como un entablado de madera de iroco enrasado con el suelo de travertino sobre un vaso de gresite que resuelve el desagüe. El inodoro, integrado dentro del mueble-módulo, es el único elemento del baño que queda separado visualmente del resto.

CUALQUIER LUGAR container de verano

LOCALIZACIÓN **Cualquier lugar**
SUPERFICIE **abierto 96.84 sq. ft.**
cerrado 53.8 sq. ft.
ARQUITECTO **Markku Hedman**
FECHA **2000**
REPORTAJE **Markku Hedman**

La creciente conciencia ecológica así como la necesidad actual de comprimir los espacios de vivienda enfatizan la necesidad de encontrar una nueva vivienda mínima que responda a la demanda económica y social.

Este primer modelo se ubicó en los frondosos bosques de Finlandia, donde se mimetiza perfectamente gracias a su construcción y acabados en madera.

Este proyecto consiste en una estructura de madera utilizada para cabaña de vacaciones siguiendo el principio de la caja de cerillas.

Durante su almacenaje y transporte es un cubo hermético, de cómoda manipulación, que puede ser trasladado al emplazamiento que se desee mediante un trailer o arrastrado como si fuera un trineo.

Una vez en el lugar, se despliega doblando su volumen.

Su funcionalidad es diversa, desde servir de cabaña para excursionistas o como refugio de montaña hasta vivienda de vacaciones para una joven pareja.

En su interior alberga una cocina, una mesa de trabajo, un espacio que combina el uso diurno o nocturno y un área de almacén. También puede equiparse con un hornillo de keroseno y un calentador, así como con tanque de agua y fregadero. La electricidad de este módulo se obtiene o de paneles solares o de generadores eólicos.

Todos los paramentos han sido realizados con diferentes tipos de tablero de contrachapado recubiertos de resina fenólica. Un grueso aislante de poliéster fue utilizado como aislamiento entre la caras de los tableros, formándose así paneles prefabricados que se adosan a la estructura principal de madera.

El conjunto forma un volumen que refleja los colores de los bosques de Finlandia según las distintas estaciones.

Aunque este modelo es solamente un prototipo, la demanda actual de viviendas transportables y económicas le puede convertir en una residencia temporal ideal.

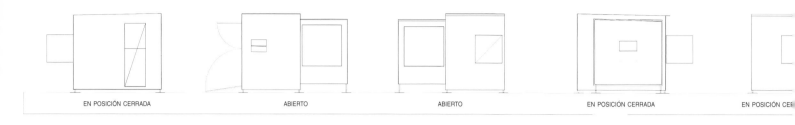

| EN POSICIÓN CERRADA | ABIERTO | ABIERTO | EN POSICIÓN CERRADA | EN POSICIÓN CER |

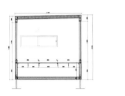     

SECCIÓN A-A ABIERTO SECCIÓN B-B CERRADO SECCIÓN B-B ABIERTO SECCIÓN C-C CERRADO SECCIÓN D-D ABIERTO CERRADO

El cubo es solamente un prototipo. Su peso es de 1543 libras, aunque podría llegar a sólo 771 libras con una producción en serie. Su precio estimado es de 8 000 $. Sus dimensiones son: 7.87 pies de alto, 8.18 pies de ancho y 6.56 pies de profundidad en posición cerrada y 11.48 pies abierto.

Todos los paramentos interiores, incluyendo suelo y cubierta, han sido también diseñados en distintos tonos de madera contrachapada llevando la conciencia ecológica hasta los últimos detalles.

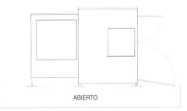

ABIERTO

ABIERTO

Cuando está abierto, se percibe
como un elemento más amable,
que trata de beneficiarse de las
espléndidas vistas circundantes.
En posición cerrada, el container
se muestra como un volumen
hermético, casi escultórico.
Todas las aberturas se cierran
mediante paneles de madera
que esconden el interior.

Por su concepción y diseño
abstracto, este módulo-cabaña
puede emplazarse en cualquier
lugar. Incluso puede trasladarse
fácilmente de un lugar a otro
al ser autosuficiente en sus
recursos energéticos.

MADRID loft en barbieri

LOCALIZACIÓN	**Calle Barbieri, Madrid, España**
SUPERFICIE	**408.88 sq. ft.**
ARQUITECTO	**Manuel Ocaña del Valle**
COLABORADORES	**Celia López Aguado / Laura Rojo**
FECHA	**2000**
REPORTAJE	**Luis Asin**

La escalera blanca, con peldaños de madera y sin barandilla para forzar al máximo la continuidad de la vivienda, deja libre el espacio que queda debajo, que ha sido habilitado como armario auxiliar. Este conjunto forma así un bloque compacto.

Lo que fue anteriormente un pequeño espacio de apenas 408.88 sq. ft. bajo la cubierta de un edificio de 150 años de antigüedad, se ha convertido ahora en un confortable y moderno apartamento en el centro de una gran ciudad. Para aumentar la superficie, se sacó partido de los 14.76 pies de altura en la parte más alta, dividiendo el espacio en dos plantas.

El programa para lograr esta reforma es extenso si se compara con lo reducido del espacio disponible, ya que la parte baja incluye vestíbulo, salón, comedor, cocina, aseo y terraza, y en el altillo hay dormitorio, baño, vestidor y lavadora. Con el objeto de optimizar la utilidad del espacio disponible, fue necesario un riguroso estudio de la escala doméstica que evitara los rígidos modelos tradicionales. Para ello, se optó por una estrategia de estancias flexibles, de modo que, cuando se quiere comer, todo el espacio se puede transformar en comedor, cuando se quiere estar sentado, toda la vivienda puede convertirse en salón, y cuando se quiere dormir, toda la vivienda puede ser dormitorio.

Esta estancia se encuentra inmersa en un casco urbano ruidoso y desordenado. La búsqueda de la paz y el sosiego del hogar pedían un filtro, un amortiguador de ruido, un espacio de transición entre vivienda y ciudad. Este espacio versátil y polivalente es una caja direccional de madera que relaciona el interior y el exterior. Un cerramiento acristalado crea una relación entre las dos partes, y la barandilla exterior diseñada también pretende delimitar el espacio de la vivienda protegiéndola de la ciudad.

El mobiliario es compacto y se integra como formando parte de la arquitectura. Así, debajo de la escalera se dispuso un armario, y la cocina y el aseo forman un bloque concentrado que permite liberar el resto del espacio.

En un interés por crear un ambiente que transmita paz
y sosiego, el blanco inunda todo el espacio, lo cual,
además de proporcionar una sensación de calma,
también favorece la idea de amplitud espacial. El
mobiliario, también de color blanco, enfatiza igual-
mente este concepto y se integra en la arquitectura.

En el altillo, el baño se separa de la zona de dormitorio mediante un paramento de cristal traslúcido que proporciona la misma amplitud y continuidad visual que se ha logrado en el resto del apartamento.

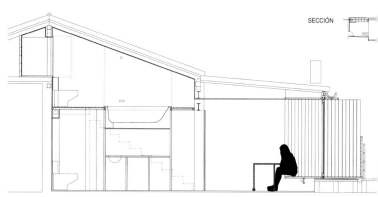

SECCIÓN

El detalle de la bañera, enrasada en la planta superior y a la vez encajada en el núcleo de cocina y aseo, es un ejemplo de cómo la técnica, el rigor y la exactitud constructivas han sido elementos determinantes para solucionar pragmáticamente algunos aspectos de la obra.

La bañera, al mismo nivel del suelo, se ha situado entre la pared y un paramento traslúcido que sugiere el espacio que hay al otro lado.

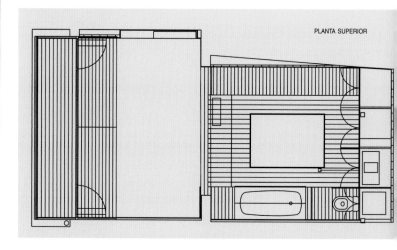

PLANTA SUPERIOR

La terraza sobreelevada de madera, concebida como si de un filtro entre vivienda y ciudad se tratara, se prolonga en el interior dando origen a una plataforma volada, que puede indistintamente utilizarse como sofá o bien formar parte del exterior.

Gracias al estudio de la escala doméstica y al aprovechamiento espacial evitando los modelos convencionales, se han logrado unas estancias flexibles que dan amplitud a este pequeño apartamento.

El mobiliario diseñado en exclusiva para esta vivienda, y en concreto esta mesa metálica con ruedas, dota al comedor de flexibilidad espacial y de prestaciones.

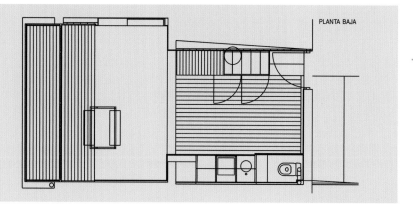

PLANTA BAJA

En la planta baja, cocina y escalera albergan las zonas fijas de almacenamiento, liberando así el espacio central que se prolonga hacia el exterior mediante la caja de la terraza. El mobiliario se ha planteado como parte de la misma arquitectura, de modo que cualquier espacio residual ha sido aprovechado al máximo.

Un cerramiento acristalado divide la caja flexible de la terraza en dos partes. La barandilla exterior también pretende limitar el espacio de la vivienda protegiéndola del ruido de la ciudad.

Cocina, aseo y almacén están concebidos como un solo bloque blanco y compacto interrelacionado, de tal manera que la puerta del aseo desliza sobre la cocina ocultando parte de ella.

PARÍS espacio único

LOCALIZACIÓN **Rue Liancour, París, Francia**
SUPERFICIE **236.72 sq. ft.**
ARQUITECTOS **Littow Architects**
FECHA **2000**
REPORTAJE **J. Vasseur**

Los propietarios de este *pied-à-terre* (pequeño estudio para estancias eventuales en París) organizaron el apartamento de manera racional derribando los antiguos tabiques interiores. El mobiliario también se redujo al máximo para evitar ahogar el espacio.

El diseño de este apartamento destinado a estancias temporales de una pareja finlandesa fue confiado a un arquitecto de la misma nacionalidad.

El apartamento poseía originalmente dos estancias, una cocina y un baño, muy antiguas.

Desde el principio, el objetivo prioritario fue rentabilizar al máximo el espacio evitando toda sensación de agobio. Todas las particiones interiores fueron derribadas para lograr un único y gran espacio, que se beneficiaba de una doble orientación.

Se habilitó un podio de madera con registros y cajones, que pudiera recibir eventualmente un colchón para convertirse en cama.

El rincón del baño, concebido para preservar la continuidad del espacio, fue tratado lo más ligeramente posible mediante un cerramiento de cristal traslúcido.

Los materiales utilizados mezclan el espíritu finlandés y el francés. Así, un contrachapado de abedul finlandés ha sido utilizado para el podio de la cama y el baño, así como en los armarios de la cocina. Los otros materiales guardan el carácter del viejo París. El parquet de roble y la cerámica del pavimento, originarios del apartamento, dan testimonio de los trazos de la antigua distribución del apartamento.

Este apartamento, situado en la última planta de un inmueble del distrito XIV de París, poseía originalmente dos estancias. Debido a las reducidas dimensiones del espacio disponible, de tan sólo 236.72 sq. ft., se optó por unir salón y dormitorio en un espacio único muy luminoso.

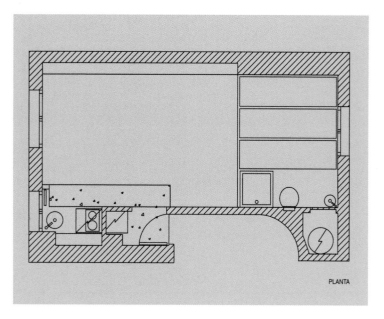

PLANTA

Todas las esquinas del apartamento son gratamente aprovechadas. El bloque de la cocina desaparece en el espacio integrando también la entrada a la vivienda. El baño, mínimo pero cuidadosamente distribuido, queda absorbido en un rincón del podio de madera y aprovecha un recoveco del antiguo edificio para albergar el calentador de agua.

La elección de los materiales y el tratamiento del espacio son voluntariamente simples, casi ascéticos. En todo momento han primado el espacio y la luz.

Un podio de contrachapado de abedul finlandés, recubierto de cuatro capas de barniz de poliuretano, crea la zona de dormitorio y baño, albergando unos grandes cajones integrados en el elemento. Así, esta plataforma puede alojar un colchón y servir eventualmente como cama.

El volumen que forman entrada, armario y cocina se ha concebido como un modelado del muro masivo. Los estantes de la parte alta de la cocina quedan resguardados detrás de una persiana metálica, habitualmente utilizada en el exterior de los edificios. Esta cortina metálica junto con la mesa revestida en zinc del salón son un recuerdo de la magnífica vista que tiene el apartamento sobre los tejados parisinos.

El mobiliario del baño ha sido estudiado meticulosamente para optimizar sus pequeñas dimensiones. Su cerramiento así como la puerta corredera que lo separa del eventual dormitorio son de un cristal traslúcido hasta la altura de una persona y transparente en la parte superior.

En la zona de baño, detrás
de un panel pivotante
recubierto de espejo se
esconde un nicho, que
forma un espacio de
almacenaje que incluye
el calentador de agua.

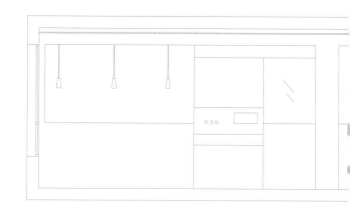

BARCELONA **bàsic loft**

LOCALIZACIÓN	**Barcelona, España**
SUPERFICIE	**699.4 sq. ft.**
ARQUITECTOS	**Anne Bugugnani / Diego Fortunato**
FECHA	**2000**
REPORTAJE	**Eugeni Pons**

El ventanal claramente modulado que separa la vivienda del patio interior de la manzana aporta una privilegiada luminosidad matizada por unos estores de color blanco.

El objetivo de esta reforma era la conversión de un espacio que antes era un taller, situado en un edificio industrial racionalista, en una vivienda-estudio. Aprovechando las cualidades intrínsecas del local (espacio casi cuadrado, articulado en planta y sección por una columna central y una viga transversal), disfruta de luz natural. Y, a pesar de encontrarse en pleno núcleo urbano de Barcelona, una zona de calles muy concurridas y con una importante contaminación acústica, goza de una tranquilidad privilegiada, puesto que se encuentra ubicada con vista a un patio interior de manzana.

El programa de reconversión ha distribuido las funciones esenciales de la vivienda en el perímetro del espacio, con la finalidad de potenciar la versatilidad de un ámbito único y de respetar la luz natural que proviene de un patio de aspecto caótico con el que el estudio establece un contraste de orden y sosiego.

El estudio se sitúa en el pliegue de la caja de escalera. La cocina, abierta, se adosa a una columna debajo de la viga transversal; el aseo, una zona de almacenamiento, el lavabo, la ducha y el dormitorio se han dispuesto a lo largo de una pared. El vestidor, en forma de L, conforma por un lado el vestíbulo de entrada y por el otro, un espacio comedor.

Los volúmenes que albergan las funciones de cocina, baño y dormitorio se alzan a una misma altura, un módulo de 108 cm que corresponde a la división horizontal del ventanal.

La iluminación es esencial en este escenario blanco. De día, los estucos reflejan todos los matices de color de la luz natural. De noche, unas lámparas de color colgadas de hilos de nylon parecen flotar en el espacio.

En el vestíbulo, una apertura
en la esquina del paramento,
situada a la altura de la vista
del habitante, sugiere el
espacio que hay al otro lado.

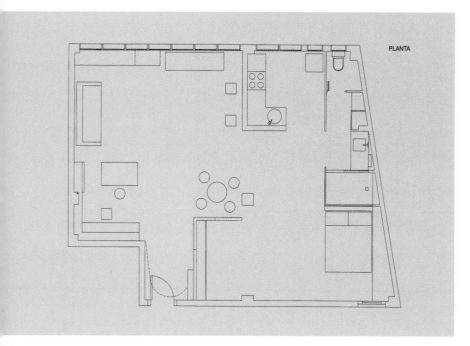

PLANTA

Los ámbitos funcionales se ubicaron naturalmente, de acuerdo con las características que ofrecía el espacio disponible. Así, el estudio se situó en el pliegue de la caja de escalera; la cocina se ha adosado a una columna, debajo de la viga transversal; y el aseo, una zona de almacenamiento, el lavabo, la ducha y el dormitorio se han dispuesto a lo largo de una pared. El vestidor, en forma de L, genera por un lado un vestíbulo de entrada y, por el otro, un espacio comedor-estar.

El proyecto se ha ideado en orden a destacar el contraste que se genera entre el caos visual del patio interior -colección de arquitecturas, tendederos y antenas de televisión- y la suavidad del estuco al fuego blanco de todos los paramentos interiores del estudio.

La esquina de la caja de la escalera del edificio se ha aprovechado para ubicar el estudio, también abierto al espacio central.

Los volúmenes a los cuales se han adjudicado las funciones de cocina, baño y dormitorio, se alzan a una misma altura, un modulo de 42.51 pulgadas que corresponde a la división horizontal del ventanal. Los paños de cristal de la ducha duplican este alzado, al igual que el vestidor, cuya apertura horizontal ayuda a remarcar el módulo inicial.

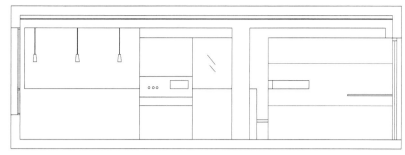

SECCIÓN

El claro y limpio volumen escultórico del vestidor acoge al vestíbulo. Al no llegar hasta el techo, esta zona ofrece la continuidad visual deseada en todo el proyecto. Un cortinaje blanco se despliega en forma de curva ocultando la entrada a la vivienda.

El aseo, una zona de almacenamiento, el lavabo, la ducha y el dormitorio se han dispuesto perimetralmente a lo largo de una pared, abriéndose al espacio central y recibiendo la luz natural que proviene del patio. Destaca la singular manera como se ha ideado la ducha, con un paramento blanco a media altura y un cristal totalmente transparente sobre el salón.

La cocina, debajo de la viga transversal que
ordena todo el apartamento, se ha realizado
en fábrica de color blanco y dispuesto
estratégicamente entre el espacio de
actividad y la zona de dormitorio.

MADRID transformación

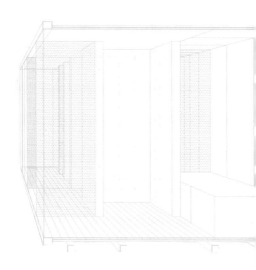

LOCALIZACIÓN **Calle Desengaño, Madrid, España**
SUPERFICIE **624.08 sq. ft.**
ARQUITECTO **Manuel Ocaña**
FECHA **2000**
REPORTAJE **Alfonso Postigo**

La operación proyectual principal se fundamentó en la centralización de los servicios y sus instalaciones en un contenedor, una estructura autónoma de acero con piel de cristal, que se incrusta en medio del apartamento.

El proyecto de este apartamento consistió en la transformación de una oficina situada en el centro de una gran ciudad en una vivienda, con los consiguientes condicionantes inherentes a toda remodelación.

El presupuesto y el tiempo de ejecución de esta rehabilitación eran limitados puesto que el apartamento iba a ser vendido inmediatamente.

La superficie de este apartamento es prácticamente rectangular. Su acceso se encuentra en un extremo del lado mayor, que además es el único punto donde se puede enganchar a la red de saneamiento. La ubicación de los dormitorios estaba condicionada por las ventanas existentes, con lo que en el proyecto debía aparecer el inevitable pasillo residual.

El arquitecto transformó estos problemas en origen del proyecto, sustituyendo la intuición artística por el pragmatismo conceptual y el uso de la técnica.

La obra no podía contemplar la utilización de materiales húmedos, debido al escaso tiempo de ejecución. Ello llevó a optar por una realización en seco sobre el plano de tarima existente.

Desnudando la estructura de hormigón original, se centralizaron los servicios y sus instalaciones en un contenedor de acero y cristal. Las dos texturas generadas, en un lado el contenedor de cristal y en el otro unas particiones de cartón-yeso, daban lugar a un pasillo que, enfocado hacia la única ventana con vistas, abandona su carácter secundario para convertirse en un espacio intersticial.

Curiosamente, en un planteamiento tan pragmático como éste, surgió la idea de la memoria del lugar. Gracias a ella, el aspecto final de esta vivienda ha dejado claro que originariamente este apartamento era una oficina.

El inevitable pasillo residual, que sirve de comunicación entre el acceso y las estancias, ha adquirido un carácter de elemento interstícial que fuga hacia la única ventana con vistas interesantes.

La premura de tiempo y el coste del proyecto
animaron al arquitecto a introducir en el
apartamento un elemento manufacturado
que generara y regulara todo el espacio.

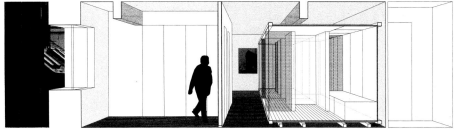

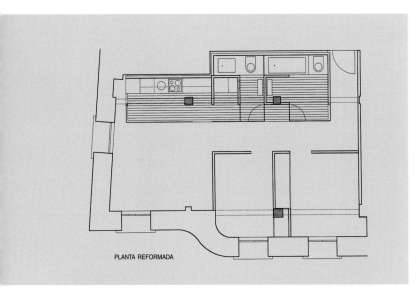

PLANTA REFORMADA

El arquitecto partió de una superficie diáfana condicionada por un acceso situado en un lateral que, además, era el único punto donde se podía conectar con la red de saneamiento. En la reforma aparecen dos partes diferenciadas. La concentración de cocina y aseos en un mismo contenedor despeja el resto del apartamento con una aparente distribución más convencional.

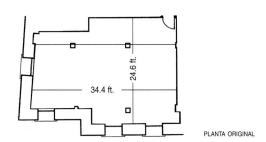

24.6 ft.

34.4 ft.

PLANTA ORIGINAL

La utilización de cristal en los cerramientos interiores ha ayudado a ampliar la profundidad espacial a lo largo del pasillo que hilvana las habitaciones.

La obra no podía contemplar la utilización de materiales húmedos. Por ello se optó por una construcción en seco por la que discurren las redes eléctrica y de saneamiento.

Como resultado de un planteamiento pragmático y económico, surgió la poética de la arquitectura, de acuerdo con la cual se iba a recordar la antigua utilización como oficina de esta vivienda, e incluso la evocación de los vagones de tren que albergan gran diversidad de elementos en un mínimo espacio.

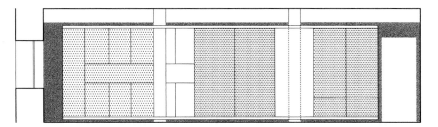

El arquitecto transformó los problemas y condicionantes en origen del proyecto, sustituyendo la
intención artística por el pragmatismo y la técnica. El
rigor en el diseño fue un elemento clave en esta obra
que debía realizarse en un corto tiempo de ejecución.

En el apartamento se han utilizado también cristales
traslúcidos como elemento de permeabilidad
espacial que, además, mantiene la privacidad
necesaria en ciertos espacios de toda vivienda.

Los elementos y sanitarios cuidadosamente
seleccionados, con la combinación de la estructura
desnuda del hormigón original y la utilización de
materiales como el cristal y el acero, confieren
a esta obra residencial un carácter industrial.

OSAKA residencia atlas

LOCALIZACIÓN	**Osaka, Japón**
SUPERFICIE	**591.8 sq. ft.**
ARQUITECTO	**Makoto Sei Watanabe** **ARCHITECTS' OFFICE**
FECHA	**2000**
REPORTAJE	**Makoto Sei Watanabe**

En este edificio los arquitectos pretendían realizar un complejo de apartamentos que fuera el resultado de la adición de varias viviendas de diferentes formas geométricas, unificadas a través de un mismo tratamiento exterior. El resultado obtenido es un complejo, una pequeña ciudad, donde cada vivienda del conjunto mantiene su propio protagonismo e individualidad.

El complejo de apartamentos, situado en un suburbio de Osaka, sirvió como campo de reflexión a estos arquitectos japoneses sobre las viviendas colectivas, tanto actuales como futuras.

En una ciudad donde la especulación es ley, se impone una urbanización agradable, en la cual el espacio exterior actúa como principal protagonista.

La composición geométrica no se basa en la adición yuxtapuesta de unidades iguales, sino en la integración de dieciséis diferentes geometrías de viviendas, enlazadas entre sí en orden a conformar una plaza con múltiples recorridos, rincones y espacios de transición, extrapolando de esta manera el buen hacer de los jardineros japoneses.

Las viviendas, al juntarse, no lo hacen de manera simple y buscando un volumen vertical, sino que el proceso compositivo trata de integrarlas en un solo bloque reconocible, aunque cada módulo conserva su propia individualidad.

De acuerdo con lo que antecede, el complejo resultante es un organismo vivo formado por distintas geometrías aunadas para delimitar un espacio interior. Por ello, el proyecto no es el resultado de un proceso informático (el método más utilizado en la arquitectura actual), sino producto de un programa humanizado.

En contraste con las diferentes unidades que forman el conjunto, el color y la textura unifican las fachadas. El suelo y las paredes de la plaza interior son de color blanco, lo cual acentúa la claridad y el recogimiento del espacio. Estrechas ventanas de diferentes proporciones y franjas doradas reflejan la luz del sol, que unifica el complejo arquitectónico.

El acceso a las viviendas se realiza a través de distintos pasos, caminos y puentes, que incorporan el principio de flexibilidad y diversidad de usos perteneciente a la concepción de una ciudad formada por principios heterogéneos.

La planta del apartamento se muestra, al igual que la urbanización, como un organismo de partes identificables que conforman un todo. Un bloque compacto contiene los ámbitos imprescindibles en toda vivienda: acceso, dormitorios, baños y zonas de almacenamiento. A su vez, cada unidad de este bloque puede descomponerse en partes más pequeñas que enriquecen y dan vida a la vivienda. Toda esta concentrada distribución desemboca en la cabeza del organismo: una sala circular con una cocina abierta.

El interior presenta un aire acogedor a través de la madera y la luz proveniente del impresionante mirador que recorre la gran sala cilíndrica, desde donde se divisa el patio interior del complejo.

La madera se ha utilizado para las paredes y el suelo para conseguir un espacio acogedor y limpio. Por su amplitud y geometría, se constituye como una estancia de usos diversos, como un salón para fiestas, un espacio de recogimiento o simplemente un mirador desde donde poder divisar todo el complejo de apartamentos.

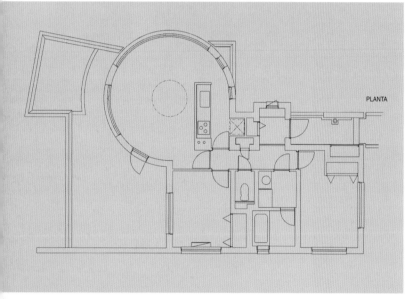

PLANTA

Compositivamente, en este apartamento se pueden diferenciar dos zonas: una está formada por el conjunto homogéneo de estancias habituales en una vivienda, y la otra es una sala singular, diáfana y de geometría cilíndrica. El acceso a la vivienda se realiza a través de un distribuidor quebrado que enlaza con estancias yuxtapuestas: dos dormitorios y un bloque de aseo. El conjunto desemboca en una gran sala abierta sobre la plaza interior del complejo y que incluye, como único elemento transgresor de este espacio limpio, una cocina también abierta, que actúa como elemento de unión con el resto del apartamento.

La relación entre interior y exterior, buscada en todo el proyecto de la urbanización, tiene su máxima expresión en este limpio mirador con terraza que sobrevuela, literalmente, la plaza interior del complejo.

La geometría circular, base en la arquitectura primigenia, es poco utilizada en los edificios actuales de viviendas debido a su complejidad constructiva. Sin embargo es la estructura ideal para un espacio interior, puesto que, al carecer de aristas, evita los espacios residuales.

PALMA carrer llums

LOCALIZACIÓN	**Carrer Llums, Palma de Mallorca, España**
SUPERFICIE	**559.52 sq. ft.**
ARQUITECTO	**José M. Pascual Cañellas**
FECHA	**2001**
REPORTAJE	**Santiago Garcés**

Sobre una planta de proporciones cuadradas se ha conseguido un apartamento muy completo, tanto por lo que se refiere a la distribución de su espacio como a su equipamiento.

Accediendo a través de una pequeña escalera que forma parte de la vivienda, se desemboca en un amplio salón, capaz de albergar diferentes ambientes.

Abierto visualmente sobre el salón, se situó una cocina totalmente equipada, separada del espacio principal por una mampara traslúcida, que amplía ópticamente el ámbito del salón y sugiere un espacio donde se proyectan las sombras de los utensilios cotidianos de la cocina.

En una crujía separada se sitúan las zonas más privadas de la vivienda: dormitorio, vestidor y baño, que se distribuyen mediante un pequeño vestíbulo. El baño, de dimensiones generosas, si bien contenidas, se distribuye óptimamente en dos espacios, para poder ser utilizado simultáneamente por dos o más personas; un área alberga la zona de aseo y la bañera; y la otra, separada por una puerta corredera para ganar espacio, aloja el inodoro, el bidet y una ducha.

Todo el apartamento ha sido pintado en color blanco para resaltar la luminosidad sobre un suelo revestido en roble. El mobiliario y la decoración responden perfectamente a un entorno moderno y racional.

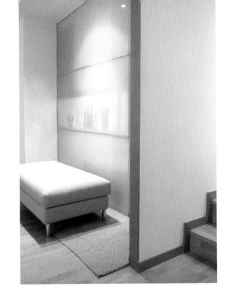

A través de una pantalla traslúcida que separa el salón se sugiere, mediante las sombras proyectadas, el mobiliario, en tonos azules, utilizados para la cocina. Además, como la cocina es interior, esta solución aporta cierto efecto de luminosidad.

El salón, bastante amplio, agrupa dos ambientes diferentes: un espacio de uso diario, equipado con muebles actuales, y otro, más relajado, junto a una amplia librería, donde poder descansar tumbado en una bella chaise-longue.

La cocina, con una disposición
excelente en forma de U,
aprovecha todos los paramentos
para poder disponer de zonas de
almacenaje. Su mobiliario utiliza
el granito verde combinado con
armarios en tonos azules.

Para este apartamento se eligió la
distribución más efectiva para una planta
de proporciones cuadradas. La entrada,
situada en el centro, desemboca en una
pequeña escalera que precede a un
amplio salón, unido visualmente a una
cocina de generosas dimensiones.
La zonas de dormitorio, vestidor y baño
se situaron en un lugar apartado formando
una unidad independiente y privada.

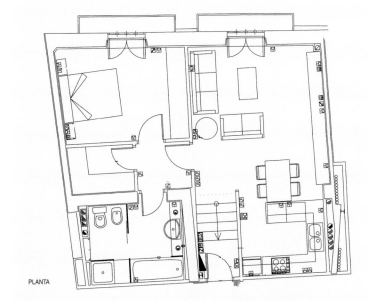

PLANTA

Para obtener un espacio más utilitario
y funcional, el cuarto de baño se dividió
en dos ámbitos: en uno de ellos está
emplazada la zona de aseo y bañera, y
en el otro la ducha, el inodoro y el bidet.

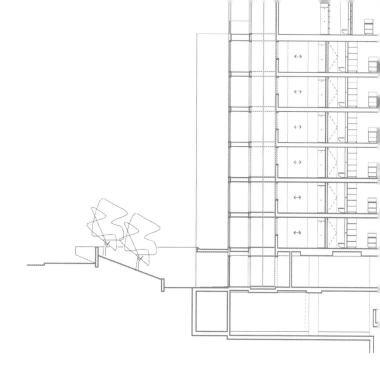

SYDNEY the grid

LOCALIZACIÓN	**Bayswater Road Rushcutters Bay, Sydney, Australia**
SUPERFICIE	**548.76 sq. ft.**
ARQUITECTO	**Engelen Moore**
FECHA	**2001**
REPORTAJE	**Ros Honeysett**

Este apartamento forma parte de un bloque de viviendas llamado The Grid, en Sydney, Australia. Dicho bloque incluye viviendas de uno, dos y tres dormitorios.

Una estructura de hormigón pretensado crea unas cajas de marcado carácter longitudinal, donde se albergan las viviendas. Todos los apartamentos responden a una misma organización: núcleo interior, que contiene la cocina, el baño y zonas de almacén; los dormitorios, situados en la parte interior del edificio; y la zona de estar, en la parte exterior, con una cocina expuesta y una gran terraza.

Un mismo suelo continuo en todas las estancias y el enlucido en tonos blancos de los paramentos verticales ayudan a configurar la unidad de todo el proyecto. El tratamiento en diferentes colores del panelado utilizado para puertas y armarios logra una diversidad cromática que distingue a cada apartamento.

La iluminación se ha realizado mediante luminarias sobre raíles, que permiten colocar grupos de focos en las zonas de más actividad en cada momento, lo cual responde claramente a un diseño de vivienda continua personalizada para cada propietario.

El bloque de apartamentos, llamado The Grid, en clara alusión a su estructura a base de celdas, es una muestra de la última y prolífica generación de arquitectos australianos.

El acceso a las viviendas se realiza a través de un elegante pasillo de cristal donde se encuentran dos grandes pozos de luz adyacentes a los dormitorios interiores, que ofrecen así iluminación y privacidad.

El espacio principal es una caja clara, diáfana, en la que una cocina abierta sobre el salón, de fuerte carácter escultórico, es panelada en colores vivos que se han elegido de manera específica para cada vivienda. La iluminación cenital, mediante focos sobre railes, ofrece al propietario la posibilidad de situarlos de acuerdo con su funcionalidad en cada momento del día.

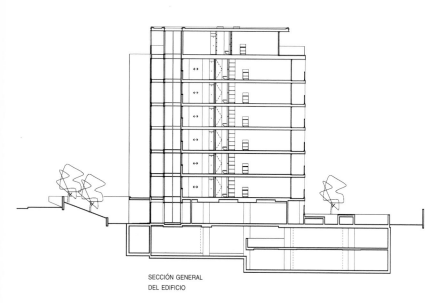

SECCIÓN GENERAL
DEL EDIFICIO

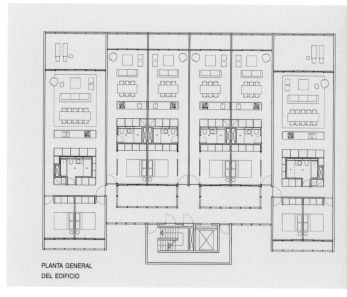

PLANTA GENERAL
DEL EDIFICIO

Todos los apartamentos, ya sean de uno, dos o tres dormitorios,
tienen una misma organización: una planta longitudinal con
ventilación natural a ambos extremos de la vivienda, donde
se dispone un núcleo central que separa los dormitorios de
una sala de estar diáfana que se prolonga en una terraza.

La variedad cromática utilizada en los panelados de madera
y personalizada en cada vivienda ofrece a cada propietario
un carácter propio dentro de la colectividad del bloque.

Una gran puerta corredera, que ocupa toda la altura de suelo a techo, separa el dormitorio del pasillo, pero, al no ocupar toda la longitud, ofrece al vestíbulo de entrada un desahogo visual.

PLANTA DEL APARTAMENTO TIPO

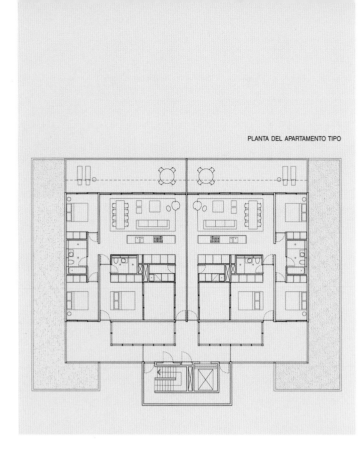

Un corredor longitudinal determina todas las estancias. En la entrada parece fundirse con el dormitorio y al fin desemboca en un espacio diáfano que se vierte sobre una amplia terraza.

Tanto en las viviendas de un dormitorio como en las de mayor amplitud, el mecanismo proyectual sigue siendo el mismo: un núcleo central como corazón de la vivienda y una gran sala diáfana con una sutil iluminación.

Las terrazas de todos los
apartamentos se proyectan
hacia un área exterior
con zonas ajardinadas
y una gran piscina.

El proyecto se presta a la utilización de un criterio
contemporáneo para su amueblamiento. Pero el
arquitecto sólo ofrece un telón de fondo moderno,
donde, después, cada propietario amueblará su
vivienda de acuerdo con su gusto y criterio.

NUEVA YORK residencia Sjoberg

LOCALIZACIÓN	**Nueva York, Estados Unidos**
SUPERFICIE	**559.52 sq. ft.**
ARQUITECTOS	**Abigail Shachat, AJS Design/s**
FECHA	**2001**
REPORTAJE	**Bjorg**

Desde la zona de acceso, separados por una barandilla liviana de acero, se domina el salón, en el cual se ha incorporado una chimenea. El mobiliario fue elegido para favorecer un ambiente cómodo y relajado.

El dormitorio, separado por un tabique, no pierde la permeabilidad al comunicarse exteriormente mediante una ventana en la parte superior.

El propietario de este apartamento, un joven profesional treintañero, del cual ésta era su primera vivienda, quería conseguir un espacio contemporáneo que reflejara su estilo de vida personal.

Favorecido por una altura total de casi 16.40 pies, este singular apartamento se desarrolla en tres plantas, todas ellas relacionadas visualmente. La planta intermedia, a través de la cual se accede, incorpora un aseo, la cocina y una zona de comedor. En la inferior se encuentra el área del salón y en la superior figuran el dormitorio, el baño y un vestidor. Todas estas zonas están conectadas y forman un todo, en el que las estancias pueden ser percibidas desde cualquier punto. Desde el acceso y con un solo golpe de vista, se divisan el salón, el dormitorio y la cocina. A su vez desde ésta se ve el vestíbulo y el área de salón, ubicada en la planta inferior. Y desde el dormitorio, mediante una ventana rasgada, se pueden ver a los visitantes que acceden al apartamento.

La escalera, desarrollada en dos tramos, une todas las estancias, enfatizando el sentido de conexión y movimiento vertical. Con un singular diseño, esta escalera constituye el puente de unión entre los distintos ámbitos.

El mobiliario añade una segunda capa a la arquitectura. La elección del mismo fue decidida por su comodidad, simplicidad de formas y facilidad de visión desde cualquier punto, elemento generador del proyecto.

Los detalles por el cuidado del mobiliario y los complementos salpican todas las estancias. Los muebles combinan su funcionalidad con un diseño amable y elegante.

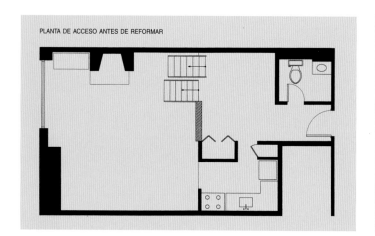

PLANTA DE ACCESO ANTES DE REFORMAR

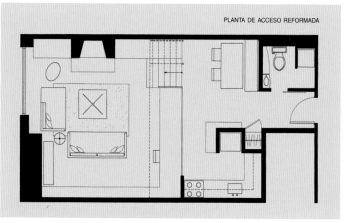

PLANTA DE ACCESO REFORMADA

La reforma de este apartamento fue realizada sutilmente mediante la eliminación de elementos como tabiques y armarios, con lo cual se consiguió un espacio único, fragmentado en tres alturas. La planta de acceso, formada por el aseo y la cocina, fue separada del salón inferior por una barandilla liviana, que favorecía la integración de todo el conjunto.

Bajo la cocina y aprovechando el retranqueo del volumen superior, se colocó longitudinalmente una mesa de estudio enfrentada a la zona de estar, desde la cual también se divisa la cocina.

La escalera, de dos tramos, como elemento
protagonista del apartamento, fue diseñada
en piezas de madera que reflejan su aspecto
comunicador entre las estancias.
Su tratamiento también relaciona las estancias
que une: macizo en la parte inferior para
relacionar la zona pública de la vivienda y liviano
en la superior como puente de unión con el
dormitorio, la zona más privada del apartamento.

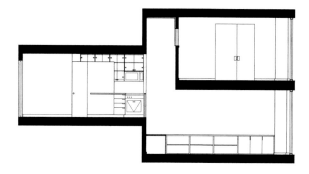

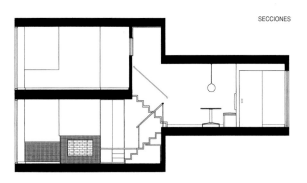

SECCIONES

El baño fue realizado con gran acierto estético escogiendo una iluminación indirecta y unos sanitarios elegantes y funcionales.

La sección es la mejor representación para percibir un espacio de estas características. En ella el bloque de dormitorio, situado en la planta superior, se retranquea respecto a la planta de acceso para ampliar visualmente el espacio y acoger el núcleo de la escalera.

En la cocina, ubicada en un rincón, aparecen dos áreas: una visible desde el acceso y el salón, y otra, más resguardada, para la elaboración de los alimentos.

La moqueta y el tratamiento de las ventanas y los armarios favorecen el aire de un ambiente recogido y relajado, que contrasta con la amplitud de las demás estancias.

La planta superior, que acoge la zona más privada de dormitorio y vestidor, se conecta visualmente por un frente de ventanas que ofrece a la vez permeabilidad y privacidad.

Sobre la cama, una ventana rasgada sin carpintería ofrece una visión de la zona de acceso. Las puertas de entrada al vestidor y al baño fueron sustituidas por paneles corredizos, con lo cual se amplió el espacio.

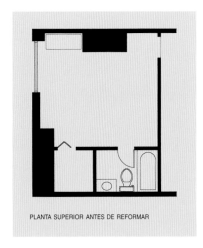

PLANTA SUPERIOR ANTES DE REFORMAR

PLANTA SUPERIOR REFORMADA

BARCELONA **poble nou**

LOCALIZACIÓN	**Barcelona, España**
SUPERFICIE	**516.48 sq. ft.**
ARQUITECTOS	**Sandra Aparicio**
	Ignacio Forteza
FECHA	**2001**
REPORTAJE	**Santiago Garcés**

La zona de estar ofrece una visión completa de todo el apartamento. La cocina, situada junto a la entrada, se abre sobre esta estancia luminosa, que a su vez conecta con el piso superior donde se aloja la parte más privada del apartamento. La doble altura de esta sala y la luminosidad provocada por el gran frente de ventanas ayuda a agrandar visualmente todo el conjunto.

A partir de una planta en forma de caja de apenas 430.55 sq. ft., favorecida por una amplia altura de 14.76 pies, se elaboró un programa mínimo, desarrollado en dos alturas para una pareja. El resultado obtenido es un espacio amplio y diáfano, inmerso en una atmósfera neutra y luminosa.

En la planta baja se situaron la cocina, el comedor y la zona de estar. Desde ella y a través de una escalera de metal, se accede al altillo superior, que acoge el dormitorio y el baño, quedando ambos espacios, superior e inferior, conectados visualmente.

El acceso a la vivienda se produce acompañado de un mostrador de acero inoxidable para la cocina. Tras él, un bloque de armarios altos, realizados en formica blanca, incluye los electrodomésticos y las zonas de despensa, y oculta a la vez un cajón por donde pasan las instalaciones del inmueble. Al final de la cocina, una carpintería con lamas de aluminio permite la entrada de luz natural en la vivienda.

La escalera, en plancha de hierro de 0.39 pulgadas pintada en blanco, se colocó paralelamente a la pared divisoria entre vecinos. A esta escalera le acompañan unos estantes de madera DM, lacada en blanco hasta una jácena de hormigón que se dejó vista. En el doble espacio se ubica la zona de estar, en la que se han dispuesto un sofá, una butaca, unas mesas de apoyo y dos muebles-contenedor de libros bajo el gran ventanal. Los muebles son siempre en madera clara para que contrasten con el suelo, muy oscuro y aporten así luminosidad a la estancia.

A lo alto de la escalera, una barandilla concebida a manera de mesa da lugar a una zona de estudio iluminada por un lucernario cuadrado practicable ubicado en él. Esa mesa, en forma de L, cambia de funcionalidad en la zona de paso al dormitorio, dónde se apoya un lavamanos de aseo. Sobre este lavamanos un gran espejo duplica el espacio y, frente a él, una puerta corredera cierra la zona de ducha e inodoro.

Entre el muro medianero y la escalera se situó una elegante y profusa estantería construida también en blanco.

A continuación, un nicho en el muro de separación con el baño acoge un simple ropero con barras de metal, dando paso al dormitorio. En él se repiten los mismos elementos de todo el apartamento: un ambiente en tonos blancos, una jácena de hormigón vista sobre la cama y una línea de ventanas en el fondo de la estancia, produciendo todo el conjunto una atmósfera neutra y armoniosa.

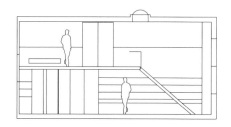

El desarrollo en doble altura, elemento primigenio de la arquitectura moderna, es desplegado con gran estilo y cuidado en este apartamento, que, a pesar de sus reducidas dimensiones, supone una vivienda de lujo y muestra la habilidad del arquitecto para aprovechar al máximo un espacio reducido.

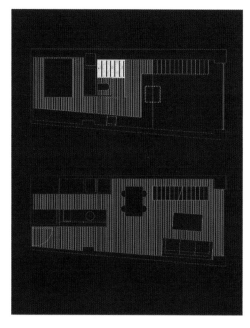

En una estrecha crujía de apenas 13.12 pies los arquitectos optaron por el ámbito más racional y práctico: la cocina, abierta sobre el salón y situada junto a la entrada, en línea con ella; una escalera deja libre el resto del espacio para conformar la estancia principal del apartamento. Ya en la planta superior, la ducha y el inodoro, obligatoriamente cerrados, forman un bloque que separa la zona de estudio del dormitorio.

Debido a sus reducidas dimensiones, el ambiente del salón se ha amueblado estratégicamente para no provocar una sensación de agobio. Todos los paramentos libres se han aprovechado para alojar estantes donde colocar libros, mostrando así el espíritu culto y vanguardista de los propietarios.

Debido a la doble altura del salón, la visión desde la planta superior ofrece una panorámica del espacio amplia y dilatada, dando lugar así a una vivienda continua, tanto en su concepción como en su uso.

La elegante combinación de los materiales, como el acero y la madera lacada en blanco para la cocina, muestra el cuidadoso gusto por el detalle que los autores inspiraron a todo el proyecto.

La barandilla del altillo se ha transformado en una mesa de trabajo que sobrevuela la doble altura del salón. Realizada en madera de okume teñida oscura, cambia de utilización en la zona de paso al dormitorio, albergando un aseo enfrentado a la ducha y al inodoro.

La ducha está protegida por una gran mampara de cristal butiral traslúcido con carpintería de acero inoxidable, que permite la entrada de luz natural. El baño se ha revestido con piezas cerámicas de color arena, dejando vista la jácena de hormigón, que ha ido apareciendo en todas las estancias del apartamento. La tarima de ducha es de teka y las griferías del diseñador Philippe Stark.

La supresión de puertas de separación entre las distintas habitaciones, ayudada por la continuidad en el mobiliario, provoca la sensación de espacio continuo y fluido que pretende todo el proyecto. Sin embargo, la delimitación necesaria para la privacidad del dormitorio se realiza a través del gran bloque compacto que alberga el baño comunicando visualmente dos estancias.

PARÍS petits champs

LOCALIZACIÓN **Rue des Petits Champs, París, Francia**
SUPERFICIE **387.36 sq. ft.**
ARQUITECTO **Philippe Challes**
FECHA **2001**
REPORTAJE **Patrick Müller**

El proyecto arrancó de una planta diáfana sin ninguna partición interior ni espacios servidores como cocina o baño. La estrategia adoptada consistió en dividir el apartamento en dos partes correspondientes a los usos de la vivienda aprovechando la geometría existente. Por un lado, una amplia estancia con cocina incorporada destinada a salón de día y dormitorio de noche. Por otro, una zona de almacenamiento, vestidor y baño independientes del espacio principal.

Este apartamento del distrito 1 de París, ubicado en una sexta planta, se beneficia de una gran luminosidad.

Antes de la reforma el local constaba de una planta diáfana de 365.97 sq. ft., sin baño ni cocina y con escasas zonas para almacenaje.

La propietaria quería beneficiarse de una superficie lo más amplia posible, pero sin saturar el espacio con muebles y elementos de todo tipo. También deseaba una cocina integrada en el espacio y un cuarto de baño de dimensiones razonables.

Para salvar todos estos intereses, la remodelación empezó por agrandar el apartamento 21.52 sq. ft., tomando espacio de la zona común de acceso. La entrada se situó frente a las ventanas, junto a un armario profundo. Todos los espacios comunes se encuentran alineados a lo largo de un muro. La cocina, en forma de L, preside el salón-dormitorio, de 252.95 sq. ft., que es iluminado por dos grandes ventanas.

Una zona de vestidor y armario se sitúa detrás de la cocina, sirviendo a la vez de nexo de unión entre el espacio principal y la zona más privada de la casa, el cuarto de baño.

El conjunto del proyecto es minimalista, tanto por el tratamiento de los espacios como por la utilización de los materiales. El salón-dormitorio se ha pintado en blanco mate, y los muebles de la cocina así como el armario de entrada son de aluminio pulido.

Gracias a los dos grandes ventanales, situados en las paredes inclinadas, típicas de las últimas plantas de los edificios de estilo haussman, este pequeño estudio posee una gran amplitud espacial.

La propietaria deseaba una superficie lo más amplia posible, pero sin invadir el espacio con elementos que lo limitaran. Por ello se intentó integrar una cocina en uno de los muros del salón principal liberando el resto del apartamento.

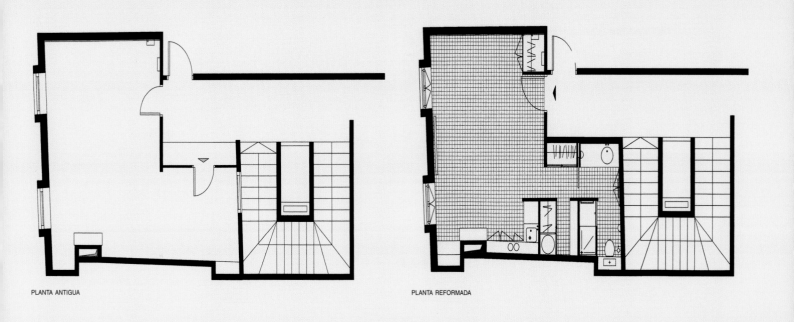

PLANTA ANTIGUA

PLANTA REFORMADA

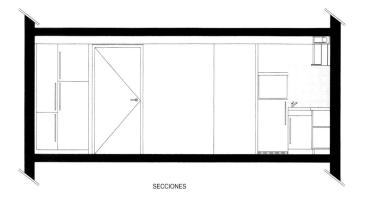

SECCIONES

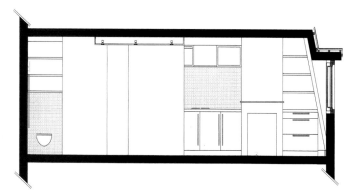

Los elementos fijos de almacenamiento, como cocina, vestidor y armarios, fueron estudiados cuidadosamente en sus despieces por ser los elementos proyectuales más importantes de este apartamento.

La cocina preside el espacio principal de salón-dormitorio. Su mobiliario, moderno y funcional, utiliza aluminio en los muebles y acero inoxidable para la encimera de trabajo.
Todos los rincones de la vivienda fueron aprovechados racionalmente. El espacio existente a ambos lados de la chimenea se utilizó para albergar la cocina y una estantería a medida.

Un pasillo distribuye, desde la zona principal de
la vivienda, los espacios más privados: armario,
vestidor y cuarto de baño. Su dimensión mínima,
de sólo 31.50 pulgadas, se ve aliviada por el espacio
de vestidor sin límite físico sobre el pasillo y por la
utilización de puertas correderas en armarios y baño.

Desde el espacio principal
se percibe la presencia dentro
de la vivienda de otras
dependencias más privadas.
Al prescindir de puerta
para separar ambas zonas,
se consigue aumentar
visualmente la amplitud de
este apartamento tan reducido.

El cuarto de baño, al que se accede
por una puerta corredera que
aprovecha al máximo el espacio,
se encuentra dividido en dos ámbitos:
el de aseo, realizado en gresite
y con un espejo que ocupa todo el
paramento, y el de ducha e inodoro,
más resguardado, que invade el
rincón último de la vivienda.

MILÁN apartamento malta

LOCALIZACIÓN	**Milán, Italia**
SUPERFICIE	**505.71 sq. ft.**
ARQUITECTO	**Ignacio Cardenal**
FECHA	**2001**
REPORTAJE	**Santiago Garcés**

Aprovechando la gran altura de techo existente, este apartamento trata de generar un espacio diáfano en dos alturas, cuyo fundamento es la continuidad espacial y visual entre las distintas estancias.

Bajo un forjado abovedado se dispuso un altillo realizado con chapa metálica vista, donde se ubicó un dormitorio totalmente abierto sobre el espacio inferior, y adyacente a un amplio vestidor y a una estancia dedicada a biblioteca y estudio.

Bajo esta original plataforma se albergó un entorno de salón y comedor, la cocina y un original cuarto de baño, separado del ambiente por un tabique de pavés traslúcido.

Los materiales, modernos y actuales, contrastan con el viejo edificio de ladrillo visto, dándole un aspecto de loft industrial. El mobiliario fue también cuidado especialmente como separador de los distintos ambientes, evitando así las particiones tradicionales que únicamente coartan el espacio.

El resultado es un solo volumen continuo, despejado y luminoso, donde, desde cualquier punto se pueden divisar todas las estancias del apartamento, haciendo de este pequeño ámbito de apenas 500 sq. ft. un espacio amplio y acogedor.

Desde cualquier punto del apartamento se obtienen vistas cruzadas y abiertas del resto de las estancias. El mobiliario, limpio y moderno, intenta ser un elemento más de separación entre los ambientes, evitando así las innecesarias particiones convencionales.

La entrada se realiza a través de un pequeño vestíbulo que muestra ya los materiales claves del proyecto. Un muro original de ladrillo visto que se apoyará en los paramentos pintados en blanco.

La plataforma realizada en metal que acoge el dormitorio actúa como protagonista del proyecto. Todo el espacio inferior y periférico se supedita a esta tribuna etérea y liviana.

AXONOMETRÍA
DEL ESPACIO PRINCIPAL

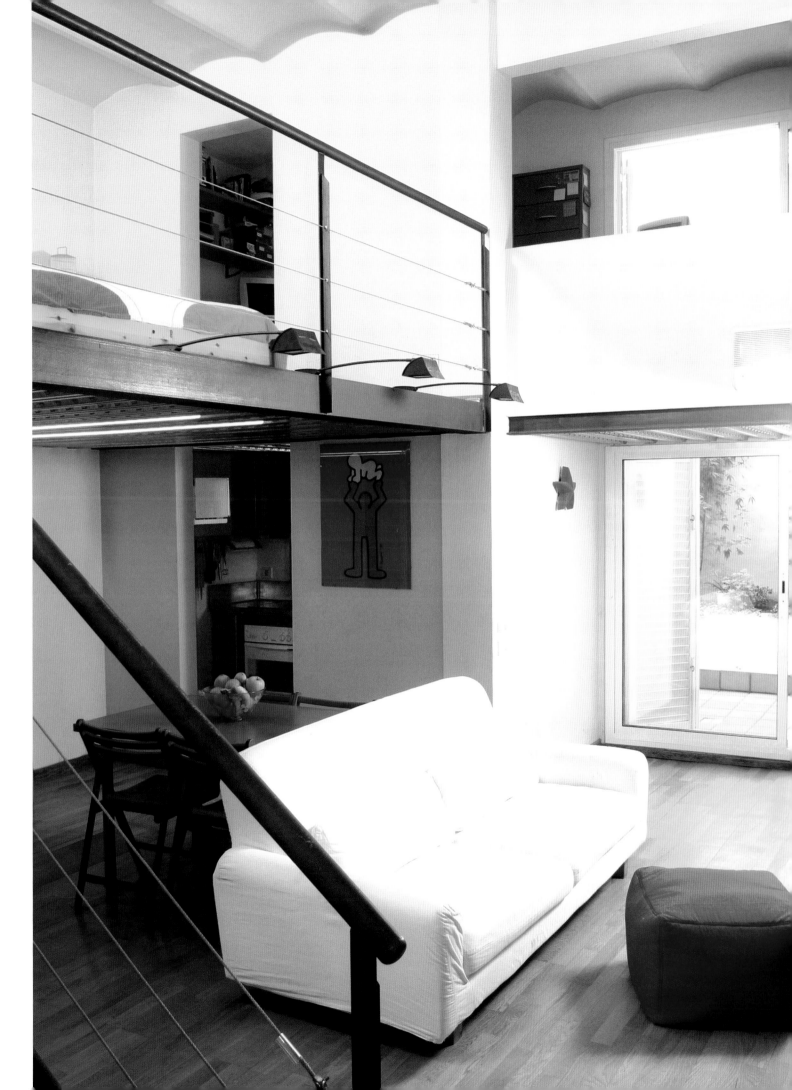

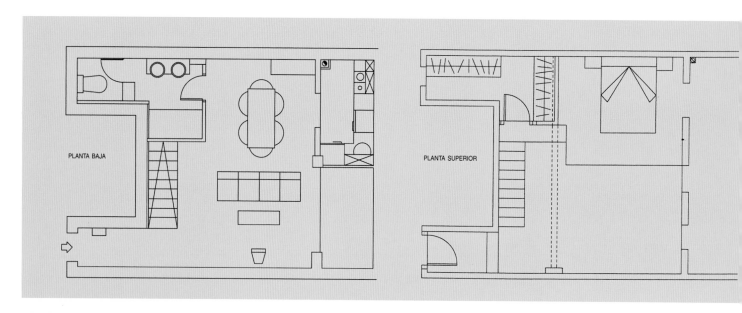

PLANTA BAJA

PLANTA SUPERIOR

Debido a la escasa superficie disponible, se trató de mantener una geometría limpia y abierta, sin romperla con innecesarias particiones interiores. Para ello el altillo que acoge el dormitorio se dispuso en el centro del apartamento abierto sobre el espacio principal, y alrededor de él se distribuyeron diferentes estancias cerradas que albergaran el vestidor, la zona de estudio, la cocina y el baño.

El espacio inferior generado por la plataforma del dormitorio se utilizó para ubicar el cuarto de baño y un comedor separado simplemente del espacio principal por el sofá.

Los materiales y una iluminación cuidada ofrecen una visión afable y acogedora de este conjunto continuo, fluido y abierto.

La cocina, realizada en metal y madera, ofrece, combinada con el forjado visto de chapa metálica y una iluminación a base de fluorescentes, una visión moderna propia de un ambiente joven y contemporáneo.

El cuarto de baño se separó del salón por medio de un muro transparente a base de bloques de pavés. Así se amplía la luminosidad y claridad pero manteniendo la privacidad de este ámbito.

El suelo, realizado en madera, ofrece
un ambiente acogedor, y el metal, lacado
en negro de la escalera, estructura la
plataforma y las luminarias suspendidas.

Interiormente, el cuarto de baño está concebido
como una estancia acogedora donde se
mezclan materiales tan diferentes como el
gresite azul para los paramentos, la madera del
mobiliario o la chapa metálica vista del techo.

NUEVA YORK wilkinson mini-loft

LOCALIZACIÓN	**Greenwich Village, Nueva York, Estados Unidos**
SUPERFICIE	**505.71 sq. ft.**
ARQUITECTO	**Andrew Wilkinson**
FECHA	**2001**
REPORTAJE	**James Shanks**

El salón, que ofrece una vista completa de este miniloft, se une espacialmente a la cocina. Sobre ellos, aprovechando la altura del apartamento, una estrecha escalera conduce hacia la parte superior, donde se situó un amplio dormitorio.

El apartamento consta únicamente de tres ventanas, que dan al exterior. Una de ellas ofrece una impresionante vista del Empire State Building.

Cuando Andrew Wilkinson, un arquitecto de Manhattan que había abierto hacía poco su propio estudio, adquirió este apartamento, vió la posibilidad de aumentar su superficie acomodando una segunda planta que albergara una amplia habitación.

El apartamento, de proporciones rectangulares, se desarrolla a lo largo de un pasillo longitudinal que accede al baño y a las zonas de almacenamiento, y desemboca en una cocina abierta sobre el salón. Desde él, mediante una estrecha escalera adyacente al muro, se llega a un dormitorio abierto sobre el salón, donde se colocó una cama *king size* y una mesa de trabajo que vuela sobre el espacio inferior. De esta manera todos los espacios tratan de converger hacia el salón, único espacio exterior, que además ofrece una impresionante vista del Empire State Building.

Teniendo en cuenta la necesidad de espacios de almacenamiento, se tuvo especial cuidado en el tratamiento de los armarios, tanto en los existentes como en los nuevos. Los antiguos armarios, demasiado estrechos, se reformaron ampliando su fondo en la parte inferior para albergar la ropa colgada, manteniendo la superior para la ropa doblada, formando así un conjunto funcional con un mínimo impacto visual. También, la escalera de acceso al piso superior se formó con cajas de madera superpuestas para albergar diferentes objetos y elementos en su interior.

Los materiales utilizados combinan la madera del pavimento, los tonos claros de los paramentos y un color gris azulado para la estructura de la nueva planta. Además se han mantenido a la vista la estructura y el cromatismo del forjado superior, ofreciendo con ello el conjunto un aire industrial, típico de los lofts norteamericanos.

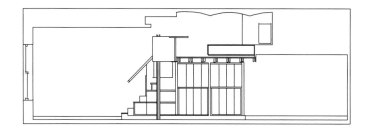

La sección permite ver los cuatro ámbitos principales de la vivienda: un pasillo inicial, una zona de armarios, enfrentada a la cocina, y un espacio principal, comunicado con el dormitorio.

Insertando una hoja más, la mesa del comedor se puede expandir hasta convertirse en un ámbito apto para cuatro comensales. Este recurso figura en casi todas las mesas actuales debido a la necesidad de acomodar unas viviendas cada vez más reducidas.

La cocina, situada entre el baño y el salón, se entendió como el elemento que podía dar amplitud al espacio. Así, se concibió abierta sobre el salón, pero separada del mismo con un mueble-isla que sirve también de apoyo a la mesa del comedor.

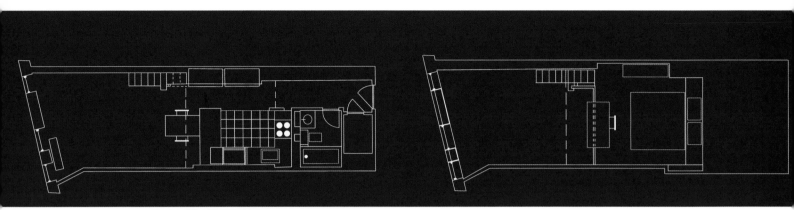

La planta trata de contrarrestar el excesivo fondo de la vivienda disminuyendo al máximo la longitud del pasillo. Por ello, el pasillo, que distribuye únicamente hacia el baño y una pequeña estancia-armario, se expande sobre una cocina abierta sobre el salón, logrando así un amplio espacio principal. Además, esta amplitud se ve reforzada por la continuidad visual establecida entre el piso inferior y el dormitorio.

Se tuvo especial cuidado en la reforma e integración de los armarios de todo el apartamento, consiguiendo unos elementos más funcionales que no desvirtuaran visualmente el proyecto.

La escalera, inspirada en un viaje de negocios del arquitecto a Japón, representa el elemento singular del apartamento. Su composición es a base de simples tablones de madera que forman cubículos, pudiendo almacenar en su interior diferentes enseres.

El baño, austero pero funcional, combina la cerámica con un mobiliario en madera. El diseño de la iluminación, presente en todo el apartamento, se tiene en cuenta aquí también mediante la inserción en el mueble-espejo de una caja de luz.

El dormitorio juega con dos conceptos comunes a todo el proyecto: comodidad y practicidad. La comodidad aparece representada por la cama *king size*, y la practicidad por la gran cantidad de armarios y estantes.

CIUDAD DE MÉXICO **chimali**

LOCALIZACIÓN	**Chimalistac, Ciudad de México, México**
SUPERFICIE	**430.4 sq. ft.**
ARQUITECTO	**Gumà Arquitectes**
FECHA	**2001**
REPORTAJE	**Santiago Garcés**

Este pequeño y elegante apartamento es un exponente de un espacio distinguido, refinado y gratamente aprovechado.

Su disposición interior es sencilla y clara: un espacio de vestíbulo distribuidor que reparte hacia el dormitorio, la cocina y un ambiente principal de estancia-comedor o ámbito de reflexión y relax. Pese a esta distribución sobria, el cuidado por el tratamiento del espacio y la luz hacen de él un ejemplo perfecto de aprovechamiento y cuidado de los detalles.

La estancia principal dedicada a salón, elegantemente amueblada, se concibe diáfana. En el centro de la misma se ubica una mesa de trabajo o comida frente a una ventana realizada en *u-glass*, un material moderno y actual símbolo de la contemporaneidad que preside el proyecto. Frente a la mesa, un biombo curvo de madera puede servir como comodín para separar un ambiente, y un recinto embutido en un armario supone una original área de relajación o incluso un improvisado dormitorio.

El conjunto formado es un espacio mínimo donde el preciosismo por los materiales y el cuidado de la luz es la ley que impera en el proyecto.

En el distribuidor se alojó una pequeña mesa y un estante, que permiten utilizar este ámbito como área de estudio. La iluminación difusa necesaria se dispone sutilmente a través de una abertura sobre el volumen del dormitorio.

Un elegante biombo de madera clara sirve
como comodín separador de dos ambientes.
Su geometría curva se relaciona además
con el mobiliario introducido en la estancia.

Una original mesa está situada en el centro del espacio, flanqueada por dos sillas de corte vanguardista. La iluminación de esta tabla es la protagonista en esta estancia. La ventana a la que se adosa proporciona una luminosidad y claridad inusitadas sobre ella y reflejadas hacia toda la estancia. Además una abertura cenital a través de un hueco en el techo potencia el protagonismo luminoso de este área en el espacio.

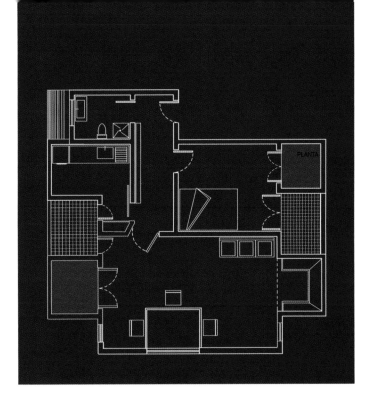

El elegante mobiliario utilizado mezcla líneas rectas y modernas con elementos curvilíneos. El sillón, de corte contemporáneo, se combina con unas sillas coloristas y amenas. Y los elementos curvos se formalizan mediante el distinguido biombo y una alfombra que introduce una nota divertida en el proyecto.

El mobiliario de la cocina y del baño, de
corte más tradicional, no trata de competir
estéticamente, sino que busca la racionalidad
y funcionalidad, dejando el protagonismo
al resto del mobiliario del apartamento.

Aprovechando un profundo armario
abuhardillado se dispuso un elegante
y curioso espacio abierto sobre el salón,
pudiendo servir como sillón, estancia de
relax o incluso improvisado dormitorio.

PARÍS APARTAMENTO dc

LOCALIZACIÓN **Place du Calvaire, París, Francia**
SUPERFICIE **312.04 sq. ft.**
ARQUITECTOS **Sandra Barclay**
Jean Pierre Crousse
FECHA **2002**
REPORTAJE **Jean Pierre Crousse**

Este pequeño apartamento se encuentra en un inmueble del s XVIII en el barrio de Montmartre, desde donde se divisa toda la ciudad.

La dificultad de este proyecto radicaba en el interés del propietario, quien, a pesar de contar con un reducido espacio de 312.04 sq. ft., deseaba estancias independientes y separadas para cada función: entrada, salón, dormitorio y cocina.

La creación de un dispositivo de cierre modulable, que permite abrir y cerrar las diferentes estancias, aumenta el espacio y evita que estos cerramientos se perciban como puertas; más bien abona la idea de que se trata de un mueble integrado.

El apartamento se ha liberado de muros no portantes para lograr la mayor amplitud posible y así poder beneficiar a cada estancia de una impresionante vista sobre París con su torre Eiffel.

A fin de ampliar al máximo el salón, la cocina se ha integrado en la zona de la entrada, y un pequeño despacho en la del dormitorio. El cuarto de baño recibe la luz natural a través de una abertura sobre el dormitorio.

Qué duda cabe que la elección del color blanco para este apartamento ha sido fundamental para favorecer la sensación de máxima amplitud de un espacio tan reducido como éste.

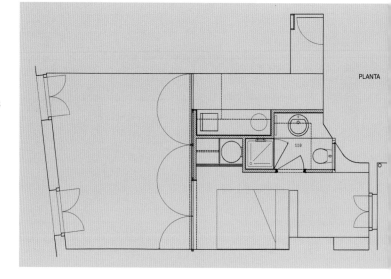

PLANTA

La vivienda cuenta con dos elementos que conforman el proyecto: el mecanismo de puertas (situado en el centro geométrico del apartamento, establece la relación entre las estancias) y el compacto bloque perpendicular a las puertas (incluye cocina, baño y zonas de almacenaje).

El sistema de cerramiento está formado por cinco tableros modulados, dos de los cuales son fijos y los otros tres son abatibles sobre los primeros. Las distintas posiciones logran una riqueza espacial inusitada en un espacio tan reducido. Así el salón puede quedar totalmente cerrado, o la cocina abierta y el dormitorio unido visualmente al salón.

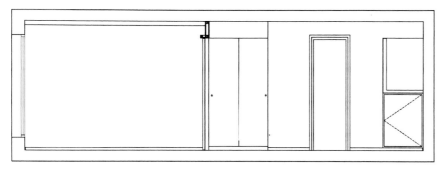

SECCIÓN

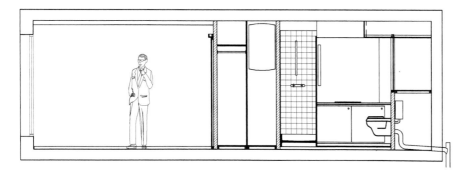

Este interesante sistema de puertas abatibles separa o une el salón del resto de los espacios, según las distintas utilidades a lo largo del día, dilatando el espacio y la luz hacia las estancias interiores.

El cuidado estudio de los despieces de los alzados muestra la importancia del manejo de la sección y de las zonas fijas en un apartamento de reducidas dimensiones como éste. Así, por ejemplo, sobre el inodoro se ubica una caja de luz que comunica con el dormitorio.

Este apartamento se encuentra en el barrio de Montmartre y desde él se domina toda la ciudad de París. Esta impresionante vista fue un condicionante muy importante para convertir la zona de estar en protagonista principal del apartamento. Todas las estancias vuelcan sobre ella, gracias a lo cual pueden participar de esa impresionante vista.

La cocina forma parte del vestíbulo de entrada que antecede al salón y puede quedar totalmente independizada del mismo. Cuando está cerrada, un pequeño hueco en el umbral de la puerta le proporciona la luminosidad proveniente de la zona de estar.

Al dormitorio se le ha incorporado un pequeño despacho que divide los dos espacios mediante un murete-contenedor que a la vez sirve de mesa. Frente a él se encuentra el cuarto de baño que recibe la luz indirecta por una pequeña abertura en el muro.

VIENA caja-estudio

LOCALIZACIÓN	Viena, Austria
SUPERFICIE	538 sq. ft.
ARQUITECTOS	lichtblau . wagner architekten & Associates Inc.
FECHA	2002
REPORTAJE	Bruno Klomfar

La reforma de este apartamento forma parte de un conjunto de cuatro estudios situados en el ático. Todos ellos vuelcan hacia un núcleo de escaleras abierto sobre el acceso a las viviendas. La entrada, sencilla pero directa, rompe con los accesos convencionales de una casa, accediendo directamente desde la escalera hacia un gran vestíbulo recogido por el volumen de la caja-estudio, situada en la parte superior.

La reconversión de este ático se caracteriza por una economía de ideas adaptada a los dominios de la arquitectura. Mientras en los proyectos residenciales convencionales la principal preocupación radica en aspectos funcionales o estéticos, estos arquitectos basaron esta obra en economizar energía, presupuesto y espacio.

Debido a la limitación de la superficie disponible, el proyecto ofrece flexibilidad de utilidades mediante la eliminación de zonas de circulación. Los diferentes usos se van concatenando, evitando los convencionales espacios dedicados a pasillo. Así, todas las estancias se distribuyen a los lados de una franja donde se ubican los espacios servidores de cocina y aseo. De esta manera, la distribución y utilidades es abierta, pudiendo el espacio cambiar de función según las horas del día.

En el apartamento se ha insertado, como flotando en el espacio, un elemento singular: una cápsula compacta destinada a habitación de trabajo o de recogimiento. Se accede a ella a través de una escalera-armario móvil provista de diferentes registros de almacenamiento, pudiendo cambiar con su posición la morfología del espacio circundante. Por su textura y singularidad, constituye un elemento diferenciador de la obra de estos arquitectos.

Los materiales empleados son sencillos pero muy acertados. Sobre un pavimento continuo de madera se dejaron a la vista los paramentos verticales de hormigón, minimizando así el coste de la intervención. Sobre ellos resalta una caja amarilla; es la guinda de un proyecto diferenciador y atrevido.

Por dentro, la idea de cápsula se ha llevado hasta el extremo. Así, sus paredes y techos se han construido en el mismo tono amarillo del exterior, y la escalera de acceso, horadada en el suelo, aumenta la sensación de espacio único superpuesto a la estructura de hormigón donde se ubica.

La cápsula amarilla es el elemento más singular del proyecto. Su forma y textura son un contrapunto a la dura arquitectura de hormigón utilizada para los paramentos verticales. Además de servir como zona de trabajo o recogimiento, su escalera puede ser desplegada mediante un simple mecanismo para recoger los enseres que se almacenan en su interior, cambiando así la morfología del espacio adyacente.

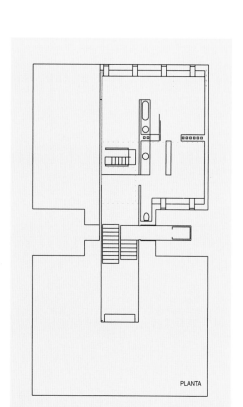

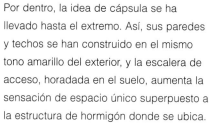

PLANTA

Desde una entrada protegida por el volumen superior de la caja-estudio se accede a tres estancias contiguas no delimitadas *a priori* por unos usos establecidos. En el centro de todas ellas, como eje generador, se ubican las zonas húmedas de aseo y cocina, abiertas hacia el espacio adyacente, formando todo el conjunto un solo espacio moderno y con multitud de registros en cuanto a sus posibles utilidades.

NUEVA YORK residencia echart-baldwin

LOCALIZACIÓN	**Nueva York, Estados Unidos**
SUPERFICIE	**699.4 sq. ft.**
ARQUITECTOS	**DZO Architecture**
	Arnaud Descombes / Elena Fernandez
	Antoine Regnault / David Serero
FECHA	**2002**
REPORTAJE	**Anne-Sophie Restoux**

Situado en un bloque de viviendas cercano al desaparecido World Trade Center, se reformó este apartamento en el cual los materiales y la ambientación crean un espacio agradable y abierto. El proyecto juega con la movilidad de las superficies y el mobiliario interior como manera de reconfigurar el espacio para vivir dotándole de gran versatilidad de usos.

Paneles basculantes y deslizantes de distintos materiales dividen o filtran los espacios en un movimiento de alteración visual de los límites espaciales.

El acceso a la vivienda se produce a través de un pequeño vestíbulo que desemboca en la estancia del salón. Adosadas a sus muros, figuran unos elegantes y exclusivos armarios-estantería de madera de abedul que, colgados de la pared, sirven para almacenar enseres u ocultar el equipo de audio y video o la maquinaria de aire acondicionado. Frente a las ventanas, estos armarios se transforman en un banco configurando un estupendo mirador sobre la ciudad.

Un gran panel de cristal verde abre la alcoba hacia el espacio principal, pudiendo crear en el apartamento un espacio totalmente abierto, donde los límites físicos y visuales se difuminan.

La cocina, construida enteramente en madera, se concibió como una caja independiente, orientada hacia el espacio principal del salón. Iluminada en su perímetro, parece flotar sobre el espacio principal.

Con recursos semejantes, esta iluminación y ubicación de altavoces embutidos en el techo desarrolla la ambientación de fondo deseada en cada momento o estado de ánimo. Así la vivienda puede acicalarse para múltiples ambientes: musical, romántico, zen o festivo.

En la planta se reconocen dos espacios principales finamente unidos. Una estancia de salón donde la caja de la cocina se abre hacia el espacio, y un dormitorio con baño y vestidor. Ambos se unen mediante un espacio intersticial que, separado por una elegante puerta corredera de vidrio traslúcido, puede transformar el área de salón en un entorno más amplio.

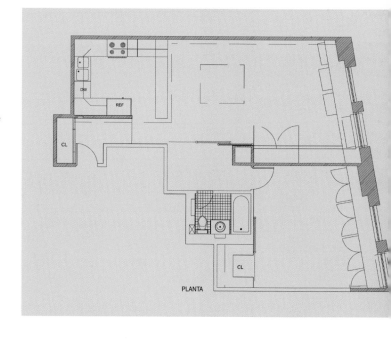

PLANTA

Los materiales utilizados mezclan la madera para el pavimento, cocina y armario con un tratamiento en tonos claros utilizado en los paramentos verticales. Al limitar el número de materiales, el espacio se unifica contribuyendo a su percepción como una única entidad.

Un elegante elemento formado por armarios colgados de la pared con puertas basculantes y un banco inferior recorren el perímetro del apartamento. Cuando topa con el frente de ventanas, el conjunto se transforma en un intencionado mirador sobre el *skyline* de la ciudad.

Los despieces y la disposición de los diferentes armarios y estanterías fueron cuidadosamente estudiados para, en un espacio mínimo, crear un ámbito de uso y aprovechamiento máximos.

El cuidado por los materiales y el estudio de los detalles constructivos se muestra aquí en la fina unión de la estantería-armario de puertas basculantes.

La iluminación, superpuesta a la arquitectura, provoca un sentimiento de calidez, destacando a su vez los distintos elementos de la vivienda. Así, la cocina, finamente iluminada en su perímetro, se delimita visualmente pareciendo flotar en el ambiente.

Un panel deslizante de cristal verde traslúcido introduce el salón hacia el ámbito de la alcoba. Su transparencia y liviandad descomponen los dos ámbitos contribuyendo a la unidad visual del apartamento.

PARÍS funcionalidad

LOCALIZACIÓN	**Rue G. Pitard, París, Francia**
SUPERFICIE	**538 sq. ft.**
ARQUITECTO	**Guilhem Roustan**
FECHA	**2002**
REPORTAJE	**Daniel Moulinet**

Este apartamento está situado en una torre de 30 plantas construida a finales la década de 1960, que respondía a las exigencias de luz y funcionalidad propias de la época.

Por el tipo de utilización que los ocupantes actuales querían y teniendo en cuenta la evolución de los usos, la vivienda ofrecía algunos inconvenientes: entrada sin luz natural, poco espacio de almacenamiento, un salón profundo y pequeño, un dormitorio proporcionalmente demasiado grande y una cocina funcional pero un poco estrecha.

Sin embargo, dada la gran racionalidad del apartamento original con todas las ventajas de una distribución moderna, un mínimo de intervención fue necesaria para reequilibrar la luz y el espacio.

Las diagonales han sido liberadas, permitiendo a la luz penetrar hasta el fondo del apartamento.

Por la continuidad del revestimiento de madera del suelo y las grandes aberturas practicadas en los tabiques, las estancias ganan profundidad y se alargan paralelamente a la fachada. Cada espacio es mínimo y se agranda sobre la estancia vecina. Puertas correderas en madera separan la cocina del salón y el pequeño despacho de la habitación.

Numerosos armarios integrados permiten exhibir sólo lo esencial del espacio.

La luz pone en evidencia la belleza y simplicidad de los materiales: pizarra para las zonas húmedas y parquet barnizado en el resto.

El vestíbulo distribuye hacia el cuarto de baño, cocina y salón. Desde este distribuidor se observan de un golpe de vista las estancias principales que forman el apartamento solucionando así los problemas de iluminación en esta antesala al penetrar la luz profundamente en ella.

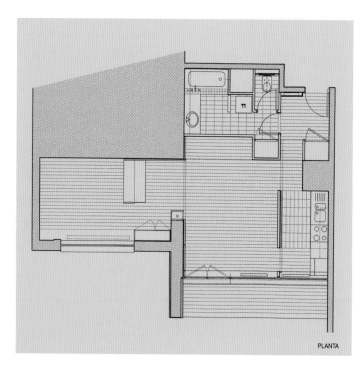

PLANTA

Desde un pequeño vestíbulo protegido por armarios se accede a un racional cuarto de baño totalmente equipado. La cocina, alineada con el vestíbulo, queda separada del salón por un tabique que incluye dos puertas correderas, lo cual desahoga visualmente el espacio. A su vez, el dormitorio se separa del salón por una gran puerta corredera, lo cual permite que todo el apartamento quede unido espacialmente.

Al ser la cocina tan reducida, el arquitecto decidió integrarla en el salón mediante dos puertas correderas en los extremos para servir al comedor y a la salida a la terraza.

En los filtros establecidos en la vivienda se integran diferentes zonas de almacenaje, como el estante que separa el dormitorio del salón o la librería próxima a la cama. Así, la permeabilidad ha quedado establecida también según la concentración de uso del apartamento.

El comedor ha quedado enmarcado en el encuentro de la estancia principal y el dormitorio, entre el cajeado de la escayola del techo y el tratamiento en madera del cerramiento del dormitorio.

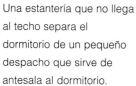

Una estantería que no llega
al techo separa el
dormitorio de un pequeño
despacho que sirve de
antesala al dormitorio.

En el dormitorio se sitúan diferentes zonas
para almacenar libros, que quedan
perfectamente integradas en la vivienda.
Debajo del ventanal y en toda su longitud
se ha albergado una larga hilera corrida.

El cuarto de baño es un reflejo del cuidadoso
tratamiento de este apartamento. La zona
de aseo, iluminada por una caja de luz, se
separa de la bañera por una mampara de vidrio
que se encaja en el mueble del lavamanos.
Una caja de madera adosada al espejo hace
las veces de armario de baño y crea un efecto
que agranda el volumen de la estancia. El
radiador, reflejado en el espejo, sirve de
toallero y actúa además como elemento
de separación de una zona de almacenaje.

La cocina, paralela al salón y perpendicular a la fachada, tiene una geometría muy lineal. Al ser un poco estrecha, se ha desahogado hacia el salón mediante puertas correderas, que, al cerrarse, aparecen como un paramento de madera, alineado con el suelo de pizarra de la zona de cocinar.

NEW JERSEY opera prima

LOCALIZACIÓN	**New Jersey, Estados Unidos**
SUPERFICIE	**645.6 sq. ft.**
ARQUITECTO	**NMfuture**
	M. Nestares / J.S. Monserrat
FECHA	**2002**
REPORTAJE	**Santiago Garcés**

Desde la terraza se percibe el espacio principal de la vivienda, formado por el salón y el dormitorio. Se trata de un espacio luminoso de fuerte direccionalidad, al cual vuelcan todas las estancias de la vivienda.

La reforma y ampliación de un pequeño ático de apenas 322.91 sq. ft., con una terraza descubierta de 376.73 sq. ft. sirvió como *opera prima* realizada por un estudio de jóvenes arquitectos.

El proyecto fue ideado partiendo de la idea de hacer *tabula rasa* de lo existente para acometer una obra nueva con una distribución totalmente distinta, tanto conceptual como estéticamente.

La distribución de la vivienda original constaba únicamente de un pequeño salón, un dormitorio, un baño y una cocina-armario. Con la nueva distribución la superficie de la vivienda se ha duplicado, aprovechando el espacio para obtener dos dormitorios, un baño, una cocina de generosas proporciones, un amplio espacio de salón-comedor y una terraza.

La nueva vivienda ha sido concebida como un todo abierto. En ella todas las estancias vuelcan sobre un espacio rectangular con un gran frontal de ventanas, matizado por unos estores que aportan una privilegiada luminosidad. El conjunto desemboca en una terraza con unas fabulosas vistas sobre los tejados de la ciudad.

El acceso a la vivienda se realiza a través de un pasillo que comunica el baño y la cocina y desde el cual se puede ver ya parte del salón.

El baño, situado junto a la entrada, consta de dos accesos, uno de uso más público y otro conectado directamente con el dormitorio principal. Éste se encuentra separado del salón por medio de un armario-contenedor liviano que no rompe la amplitud y continuidad del espacio.

La cocina, situada en el centro de la vivienda, da lugar a un recorrido baño-dormitorio-salón perimetral alrededor de ella, que da total continuidad al espacio.

Así, todas las estancias comunican física o visualmente con el resto de los espacios del apartamento.

El pavimento interior, de madera, se prolonga hacia el exterior en una pequeña terraza sobreelevada respecto al recinto interior, con lo cual se manifiesta la voluntad de formar un espacio continuo y diáfano.

Mediante unas puertas correderas se aprovecha al máximo el espacio y se deja abierta la posibilidad de ampliar puntualmente cualquier estancia.

Los materiales empleados tratan de potenciar la calidez y la luminosidad proveniente del exterior. Se ha utilizado madera de roble para los suelos, incluso en la cocina y el baño, y el color blanco para el resto de paramentos y puertas correderas.

La vivienda original constaba
únicamente de dos pequeñas
estancias separadas por un
núcleo de cocina-baño y una gran
terraza exterior. Los arquitectos
decidieron cubrir parte de la
terraza y cambiar completamente
la distribución de la vivienda
para lograr un espacio muy
moderno, luminoso y funcional.

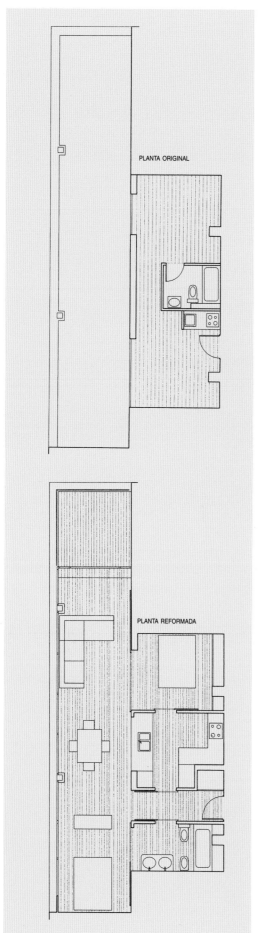

PLANTA ORIGINAL

PLANTA REFORMADA

El baño consta de dos entradas
dotadas de puertas correderas
de suelo a techo. Una de estas
entradas, más pequeña y de uso
más general, comunica desde
el pasillo de acceso. La otra,
de grandes dimensiones, se
comunica con el dormitorio
prolongándolo visualmente.
Cuando estas dos entradas están
cerradas, el baño se percibe como
un solo bloque blanco y compacto,
pero, cuando están abiertas, el
espacio fluye entre las estancias.

La nueva distribución crea un
recorrido perimetral alrededor del
núcleo de la cocina, uniéndose
visualmente las estancias por
puertas correderas. Desde cada
una de estas estancias se puede
contemplar total o parcialmente
la globalidad del apartamento.

Las puertas correderas, cuando están abiertas,
expanden el ámbito de la habitación hacia la estancia
contigua, formándose un todo abierto. Pero cuando
se cierran, el espacio se fragmenta para mantener
la intimidad de los habitantes del apartamento.

Desde el dormitorio principal, se perciben sesgadamente todas las estancias del apartamento: pasillo de acceso, baño, cocina y salón-comedor. Al cubrir las puertas correderas toda la altura de la vivienda, éstas alargan visualmente la longitud vertical del espacio haciéndole parecer más alto de lo que es en realidad, generando además una agradable sensación de amplitud.

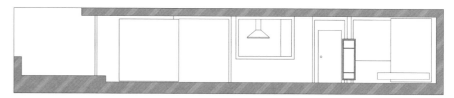

SECCIÓN

Desde el baño y segundo dormitorio se percibe la secuencia de circulación baño-pasillo-cocina-dormitorio, que da lugar a un recorrido alternativo alrededor de la cocina. La situación de los pasos encadenados constituye un guiño a las puertas en enfilada, al estilo de los palacios renacentistas italianos.

El dormitorio ha sido separado del espacio principal de salón-comedor mediante un mueble de armario que no rompe la continuidad y amplitud de la vivienda. Este espacio principal comunica perpendicularmente con el resto de estancias del apartamento a través de amplias perforaciones o grandes puertas correderas.

Desde el pasillo, iluminado por las ventanas situadas al fondo de la casa, se divisa ya una parte del comedor, del dormitorio y del baño, lo que da una idea de la posible permeabilidad existente en todo el proyecto.

El suelo se realizó con tablas de roble rastreladas de distintos anchos, lo cual amplía la sensación de espacio. Los paramentos y puertas han sido pintados en blanco para resaltar la luz, que proviene matizada por unos toldos-parasoles situados a lo largo de toda la vivienda.